MARKUS BODE

TRANSAKTIONS ANALYSE FÜR EINSTEIGER

Psychologie Basiswissen

WirmachenDruck.de
Sie sparen, wir drucken!

Email: info@edition-lunerion.de
www.edition-lunerion.de

Psiana eCom UG
Berumer Str. 44
26844 Jemgum

Inhalt

Vorwort

Menschliche Kommunikation bestimmt unser alltägliches Leben. Sei es auf der Arbeit mit den Kolleginnen und Kollegen, sei es bewusst und gewollt in einer Paarbeziehung oder auch notgedrungen bei einem Behördentermin. Sei es geplant und ausschweifend, wie bei einem längeren Telefongespräch mit einem guten Freund, oder beiläufig und auf das Wesentliche reduziert, wie an der Supermarktkasse. Überall gilt der vom österreichischen Kommunikationswissenschaftler und Philosophen Paul Watzlawick (1921–2007) geprägte Satz: *Man kann nicht nicht kommunizieren* (Watzlawick, 2016).

Doch wir alle kennen Situationen, in denen Kommunikation misslingt. Es kommt zu Missverständnissen, Meinungsverschiedenheiten und Konflikten oder man redet aneinander vorbei. Der Grund dafür lässt sich häufig psychologisch erklären. Zwei Personen können ein und dieselbe Situation erleben, aber aufgrund unterschiedlicher Prägungen anders wahrnehmen und beurteilen. Auch kann eine Anmerkung meines Gegenübers bei mir vollkommen anders ankommen, als es intendiert war.

Misslungene Kommunikation kann zu einem Problem werden, wenn sie essenzielle Bereiche Ihres Lebens betrifft; ein Missverständnis mit einer Supermarktkassiererin ist kein großes Problem, im schlimmsten Fall gibt sie Ihnen einen Kassenbon mit, den Sie eigentlich nicht haben wollten. Wenn Sie jedoch mit Ihrer Partnerin / Ihrem Partner oder Ihrem Vorgesetzten auf der Arbeit grundsätzliche kommunikative Probleme haben, kann dies Ihren Alltag negativ beeinträchtigen, es kann zu wiederkehrenden oder dauerhaften Konfliktsituationen kommen.

Doch die wenigsten Menschen überdenken und analysieren dabei ihre eigene oder die Kommunikation der anderen. Wir verlieren uns gerne in Schuldzuschreibungen und machen andere Menschen dafür verantwortlich, dass es zum Missverständnis oder zum Konflikt gekommen ist. Machen Sie diesen Fehler nicht, sondern gehen Sie analytisch an das kommunikative Problem heran. Wie? Ganz einfach, mit der *Transaktionsanalyse*.

Die Transaktionsanalyse ist eines der klassischen Modelle der Psychologie, um kommunikative Akte nach einem Schema von Reiz und Reaktion zu erklären. Das Zusammenspiel aus Reiz und Reaktion wird als Transaktion beschrieben, ähnlich wie bei einer Banküberweisung, die ebenfalls als Transaktion bezeichnet wird. Sie legen Ihre EC-Karte auf (Reiz) und das Geld wird übertragen (Reaktion). Nach diesem simplen Schema lassen sich auch die meisten Kommunikationen oder allgemein soziale Interaktionen trefflich beschreiben.

Mithilfe der Transaktionsanalyse lernen Sie, zu verstehen, was in Ihnen selbst und in anderen während eines kommunikativen Aktes vorgeht. Sobald

Sie die Kommunikation erst umfassend verstanden haben, werden sich die Missverständnisse und Konflikte, die sich aus ihr ergeben, wie von selbst lösen. Dabei handelt es sich nicht um ein kompliziertes technisches Verfahren – Sie können die Transaktionsanalyse jederzeit problemlos in Ihrem Alltag anwenden und haben somit ein überaus praxisnahes Tool zur Lösung Ihrer alltäglichen Interaktionsprobleme an der Hand.

Also, worauf warten Sie noch? Lassen Sie uns gemeinsam beginnen, Ihr Kommunikationsproblem zu lösen.

Kommunikation analysieren

Da Kommunikation die Grundlage unseres alltäglichen Miteinanders darstellt, ist es sinnvoll, sie Schritt für Schritt zu analysieren. Hierzu bedienen wir uns einem altbekannten und -bewährten Rezept, das wir jedoch behutsam modernisieren und an unsere heutige Zeit anpassen: der modernen *Transaktionsanalyse*. Wir gehen dabei zunächst auf den geschichtlichen Hintergrund dieser Analyseform ein und klären, warum wir die moderne Form der Methode besprechen werden, also die Weiterentwicklung des ursprünglichen Konzepts.

Im Anschluss lernen wir, Kommunikation grundsätzlich zu analysieren. Wer ist eigentlich der Sender und wer der Empfänger? Was sendet der Sender und was empfängt der Empfänger und was kann dabei schiefgehen? Welche vier Seiten hat eine Nachricht und warum ist es bedeutend, aus welcher Position heraus jemand sendet oder empfängt? All diese Fragen können Sie sich im Anschluss an die Lektüre beantworten.

Des Weiteren werden wir einen Ausflug in die Psychologie unternehmen, der uns darüber aufklärt, welche Grundhaltungen wir durch unsere Kommunikation einnehmen und offenbaren. Wir werden auf emotionale Verarbeitung von Kommunikation eingehen und lernen, warum unsere Emotionen uns einen Streich spielen und somit mental schwächen können – doch keine Angst, im nächsten Schritt erlernen wir direkt, wie wir unsere Emotionen kontrollieren oder mittels *kognitiver Umstrukturierungen* ins Positive umkehren.

Ferner werden wir anhand zahlreicher praxisnaher Beispiele möglichst alltagsnahe Kommunikationen untersuchen, insbesondere das familiäre, private und berufliche Umfeld eignen sich für derartige Beispiele bestens, denn hier entsteht die meiste Kommunikation und somit auch der größte Raum für Missverständnisse.

Lassen Sie uns also gemeinsam lernen, wie wir Kommunikation analysieren und unseren eigenen Kommunikationsstil verbessern können: Denn nur, wenn Sie verstehen, wie Kommunikation funktioniert, können Sie sie ohne Missverständnisse und mit einer positiven mentalen Grundhaltung in Ihrem Alltag angehen – Sie werden sehen: Viele Konflikte lassen sich durch angemessene Kommunikation lösen oder bereits im Keim ersticken.

Also fangen wir gemeinsam an – *hic est Rhodos, hic salta*!

Die moderne Transaktionsanalyse

„Tradition ist nicht die Anbetung der Asche,
sondern die Weitergabe des Feuers".
(Jean Jaurés, französischer Historiker)

Die Transaktionsanalyse ist eine Methode der Psychologie zur Reflexion und Analyse von *erlebter Wirklichkeit*. Sie wurde Mitte des vergangenen Jahrhunderts durch den amerikanischen Psychologen und Psychiater *Eric Berne (1910–1970)* entwickelt und seitdem vielfach rezipiert und ergänzt. Erlebte Wirklichkeit bedeutet, dass auf die individuelle Wahrnehmung einer Person abgezielt wird und weniger auf die äußeren Umstände. Oder anhand eines einfachen Beispiels ausgedrückt: Wenn ich sage, „Mir ist kalt", dann gilt diese Prämisse als richtig, unabhängig davon, ob die Außentemperatur in Wahrheit bei 20 Grad Celsius liegt. Wenn ich sage, dass mir kalt ist, ist dies erlebte Wirklichkeit und somit Gegenstand der Betrachtung.

Wie jedes psychologische, biologische oder mathematische Modell wurde auch die Transaktionsanalyse seit ihrer erstmaligen Anwendung und Beschreibung durch ihren „Erfinder" Berne stetig weitergedacht und -entwickelt. Gegenstand dieses Buches soll die *moderne* Transaktionsanalyse sein, wir werden also verstärkt aktuelle Beispiele betrachten und die ursprünglichen Theorien auf den heutigen Alltag im 21. Jahrhundert anwenden. Dabei sind insbesondere das Menschenbild und die sozialen Umgangsformen zu beachten. Wurden zu der Zeit, als das theoretische Konzept der Transaktionsanalyse erdacht wurde, zum Beispiel Frauen noch häufig als subaltern gegenüber Männern angesehen oder wurden Kinder zu dieser Zeit von ihren Vätern noch regelmäßig „körperlich gezüchtigt" (sprich: geschlagen), hat sich die Auffassung bezüglich derartiger sozialer Praktiken im Laufe der Zeit glücklicherweise gewandelt. Zwar ging die Transaktionsanalyse seit jeher von einem eher positiven Menschenbild aus, es ist jedoch nicht unerheblich, den sozialen Kontext der Entstehung einer Theorie zu berücksichtigen, die insbesondere auf die soziale Interaktion und menschliche Verhaltensweisen fokussiert ist. Dass die Transaktion der Transaktionsanalyse in die moderne Zeit problemlos möglich ist, wird unter anderem in diversen praktischen Beispielen in diesem Buch erläutert werden.

Die Transaktionsanalyse stellt überwiegend auf soziale Interaktionen, insbesondere auf Kommunikation zwischen verschiedenen Personen, ab. Der Mensch soll mittels der Methoden der Transaktionsanalyse befähigt werden, die eigenen Interaktionen zu interpretieren und zu verstehen. Aus diesem Verständnis heraus kann der Mensch an seiner Persönlichkeitsstruktur arbeiten und seine Grundhaltung und seine Art, zu kommunizieren, optimieren. Die Zielsetzung der Transaktionsanalyse ist es, autonom denkende Persönlichkeiten herauszubilden, die innerhalb einer sozialen Interaktion achtsam, kompromissbereit und respektvoll auftreten. Dabei soll es nicht nur um formale Höflichkeit gehen, wie etwa „Bitte" und „Danke" zu sagen bzw. niemanden direkt zu beleidigen, sondern vor allem um eine Selbsterkenntnis, die zu einer inneren positiven Haltung anderen gegenüber führt, die sich wiederum in der Kommunikation widerspiegelt.

Definition Autonomie:
Der Begriff der Autonomie leitet sich aus dem altgriechischen Wort *autonomía* ab und bedeutet Selbstständigkeit oder „Eigengesetzlichkeit" (autos = selbst; nomos = Gesetz).

In der Philosophie, aber auch der Psychologie, wird der Begriff für einen Zustand der Selbstbestimmtheit und der Auslebung des freien Willens gebraucht. Ein autonomer Mensch ist also in seinem Denken und Handeln unabhängig von fremden Autoritäten. Der autonome Mensch ist in der Lage, eigenständig kritisch zu denken und aus diesen Gedanken heraus selbstbestimmt zu handeln. Autonomie ist ein wesentliches Kriterium der Ethik, wenn es um die Beurteilung von ethisch-moralischen Rechten geht. Zum Beispiel gesteht man Acht- oder Neunjährigen kein Wahlrecht zu, da sie noch nicht in der Lage sind, autonom über politische Prozesse nachzudenken. Vollständige (rechtliche) Autonomie erlangt man erst mit der Volljährigkeit.

Das Gegenteil der Autonomie ist die Heteronomie, also die Fremdbestimmung. Sklaven oder Leibeigene sind ein (historisches) Beispiel für heteronome Menschen, da sie als Besitz eines anderen Menschen angesehen wurden und ohne dessen Erlaubnis keinerlei selbstständige Handlungen vornehmen durften. Auch Bürger in einem Unrechtsstaat sind teilweise heteronome Individuen, denn ihnen ist das (öffentliche) eigenständig-kritische Denken untersagt.

Das Menschenbild der Kommunikationsanalyse ist also ein grundsätzlich positives. Folgende Annahmen über den Menschen liegen der Theorie zugrunde:

- Jeder Mensch ist grundsätzlich in der Lage, zu denken und zu reflektieren. Somit befindet sich die Lösung der meisten Probleme bereits im Menschen selbst.
- Der Mensch ist grundsätzlich, trotz aller Ambivalenzen, immer in Ordnung.
- Jeder Mensch ist grundsätzlich dazu in der Lage, Verantwortung für seine Lebensweise zu übernehmen, und kann sein Verhalten in sozialen Interaktionen bewusst steuern und beeinflussen.
- Der Mensch ist in der Lage, autonome Entscheidungen zu treffen und die ihm gegebenen Ressourcen hierfür bestmöglich zu nutzen. Stellen Sie sich vor, Sie arbeiten in Ihrer Firma an einem komplizierten Projekt. Ihr Vorgesetzter hat eine bestimmte Vorstellung davon, wie das Projekt zu bearbeiten ist, zudem steht der Auftraggeber in direktem Kontakt mit Ihnen und erwartet eine Arbeitsweise, die nicht mit den Vorstellungen des Vorgesetzten kompatibel ist. Es handelt sich um eine klassische Konfliktsituation, in der Sie jedoch nicht bloß ausführendes Organ sind, sondern Sie selbst können bestimmen und entscheiden, wie Sie das Projekt bearbeiten. Dabei helfen Ihnen Ihre Erfahrungen im Job sowie Ihre Fachkompetenzen. Sie selbst treffen also die Entscheidung, wie Sie zwischen den Anforderungen der zwei Parteien vermitteln und möglichst beiden Ansprüchen gerecht werden können. Auch normative Entscheidungen obliegen Ihnen! Denken Sie etwa an eine Frau, die sich bewusst gegen Kinder entscheidet. Noch immer erachten weite Teile unserer Gesellschaft das Gebären von Kindern als eine wichtige oder gar essenzielle Aufgabe der Frau. Doch die Frau ist in der Lage, selbst zu entscheiden, aufgrund ihres Wissens über biologische Prozesse, ökonomische Folgen von Mutterschaft etc. kann sie selbst urteilen und die Entscheidung treffen, keine Kinder zu gebären.
- Der Mensch ist grundsätzlich in der Lage, sein Leben konstruktiv und positiv zu gestalten. Er ist im Stande einen positiv-emotionalen Kontakt zu jedem seiner Mitmenschen herzustellen (Schlegel, 2002).

Autonomie und Selbstbestimmung sind also die zentralen Konzepte des Transaktionsanalytikers. Diese gelten als Ideale mit dem höchsten Stellenwert für ein gutes Leben.

Biographie Eric Berne:
Eric Berne (* 1910 in Montreal; † 1970 in Monterey) war ein US-amerikanisch-kanadischer Psychiater, der vor allem für die Entwicklung des Konzepts der Transaktionsanalyse bekannt wurde. Er leitete diese aus den Erkenntnissen der Psychoanalyse ab, welche zu seiner Zeit auch in der Öffentlichkeit breit diskutiert wurden.

Geboren wurde er als Sohn des Mediziners David und der Journalistin Sara Bernstein. Sein Geburtsname lautete Eric Lennard Bernstein, welchen er 1943 offiziell in Eric Berne änderte – ein Pseudonym, unter dem er bereits während seines Studiums für eine Studentenzeitung geschrieben hatte. Im selben Jahr noch wurde er US-amerikanischer Staatsbürger.

Nach seinem Studium der Medizin und der Psychologie in Montreal und an der Yale-Universität beschäftigte er sich schwerpunktmäßig mit dem Bereich der psychologischen Diagnostik. Unter anderem hatte er während des Zweiten Weltkriegs (1939–1945) in einer medizinischen Einheit des US-Militärs gedient und arbeitete direkt nach Kriegsende überwiegend mit entlassenen Armee-Soldaten, die aus aktiven Kriegshandlungen versuchten, in ihren Alltag zurückzukehren.

Im Rahmen dieser Arbeit entwickelte er den Grundgedanken für das Konzept der Transaktionsanalyse. Er erkannte, wie wichtig es war, den Menschen zuzuhören und sich auf sie als Individuen einzulassen, und nicht bloß, wie im Studium erlernt, deren Patientenakten auf Pathologien, also auf deren Leiden hin, zu untersuchen. Die erlebte Wirklichkeit des Soldaten wurde so zum Schwerpunkt seiner Analysen. Zudem wurde ihm schnell bewusst, dass respektvolle Kommunikation auf Augenhöhe unerlässlich war, um die Soldaten zu erreichen und sie dazu zu bewegen, über ihre Gefühle und Ängste zu sprechen. Aus diesen Grundgedanken entwickelte er ein erstes transaktionsanalytisches Modell, das über die Jahre hinweg weiter verfeinert werden sollte. Sowohl auf das Modell von Berne als auch auf seine Spezifikationen wird im weiteren Verlauf dieses Buches noch eingegangen.

Im jungen Alter von 60 Jahren erlag Berne im kalifornischen Monterey den Folgen eines Herzinfarkts (Jorgensen, 1984).

Kommunikation auf Augenhöhe

Gleichwertigkeit

Um erfolgreich miteinander kommunizieren zu können, müssen sich beide Kommunikationspartner als *gleichwertig* wahrnehmen. Nur so kann eine Kommunikation auf Augenhöhe erfolgen. Wenn Sie Ihren Gesprächspartner von vorneherein abwerten, werden Sie niemals zu einem Konsens oder einer gemeinsamen Lösung finden, da Sie dessen Meinungen oder Argumente immer als minderwertig abtun können. Wir erleben derartige Abwertungen im Alltag relativ häufig, sowohl in Bezug auf Individuen als auch auf Gruppen.

Stellen wir uns einen Mann vor, der mit seiner Partnerin diskutiert, aufgrund seiner misogynen Grundhaltung, da er die Argumente von Frauen und auch Frauen selbst grundsätzlich als minderwertig betrachtet: „Du hast ja keine Ahnung, du bist doch bloß eine Frau." Ähnlich verhält es sich mit rassistischen Denkschemata, bei denen Menschen anderer Herkunft oder Hautfarbe per se als dümmer oder irrationaler abgestempelt werden, sodass man sich mit ihren Argumenten nicht auseinandersetzen muss. In der Geschichte der Menschheit haben wir gesehen, wohin eine derartig pauschale und kollektive Abwertung von Gruppen führen kann – nämlich zu Unterdrückung, Ausgrenzung und Gewalt. Wir sollten daher niemals den Fehler begehen, eine (soziale) Gruppe als nicht gleichberechtigt oder gleichwertig anzusehen, sondern uns ausschließlich auf deren Argumente konzentrieren.

Ebenso wenig sollten wir diesen Fehler auf einer individuellen Ebene begehen, also etwa einen Menschen, der über eine geringe Schulbildung oder ein niedriges Einkommen verfügt, als minderwertig und nicht auf Augenhöhe zu betrachten. Beispielsweise im Arbeitskontext kommt diese individuelle Abwertung besonders in hierarchisch strukturierten Betrieben relativ häufig vor: „Du hast mir nichts zu sagen, ich bin der Vorgesetzte und ich entscheide!" Doch auch mit dieser Einstellung ist selten etwas gewonnen, weshalb die meisten modernen Unternehmen eher auf flache Hierarchie setzen, damit sich auch leitende und ausführende Angestellte in ihrer Kommunikation auf Augenhöhe begegnen können.

Akzeptanz

Wir müssen unser Gegenüber also als grundsätzlich gleichwertig betrachten. Das heißt allerdings noch nicht, dass wir ihn oder sie auch *akzeptieren*. Stellen Sie sich vor, Sie befinden sich in einem Streitgespräch mit Ihrem Nachbarn. Sie werten ihn nicht aufgrund einer Eigenschaft ab, sondern akzeptieren, dass er auf Augenhöhe mit Ihnen kommunizieren kann. Auf der anderen Seite können Sie ihn absolut nicht leiden und hatten in der Vergangenheit bereits des Öfteren Konflikte mit ihm auszutragen. Sie sehen ihn also als gleichwertig, aber Sie akzeptieren ihn, aufgrund der konfliktreichen Vorgeschichte, dennoch nicht. Mit einem anderen Nachbarn, den Sie auf einer persönlichen

Ebene schätzen und mit dem Sie sich häufig kurz von Tür zu Tür unterhalten, würden Sie denselben Konflikt mit einer anderen Grundhaltung diskutieren. Auch wenn Sie sich inhaltlich unter Umständen uneins wären, wäre Ihre Positionierung zum Gesprächspartner eine vollkommen andere. Die Transaktionsanalyse beschreibt vier verschiedene Lebensgrundpositionen, die auch als „Okay-Positionen" bezeichnet werden:

Nach: (Harris, 1976)

Diese graphische Darstellung beschreibt im Wesentlichen zwei Erkenntnisse: Jeder Mensch hat eine gewisse Grundposition, mit der er in soziale Interaktionen eintritt. Abhängig von der Situation können verschiedene Grundpositionen eingenommen werden.

Wie diese Grundpositionen entstehen, ist in der Forschung noch umstritten; manche gehen davon aus, dass wir uns bereits in der frühen Kindheit ein Grundschema aneignen, nach dem wir die Welt betrachten. Tatsächlich gehen die Kognitionswissenschaften und die Entwicklungspsychologie heute mehrheitlich davon aus, dass Denkschemata zur Einordnung von gewissen Ereignissen bereits sehr früh im Menschen herausgebildet werden. Sie geben uns Orientierung und helfen uns, Erlebnisse einzuordnen, die uns im ersten Moment überfordern. Da jeder Mensch sowohl gute als auch schlechte Erfahrungen in seiner Kindheit macht, kann sich eine der vier Grundpositionen aus der Graphik schon relativ früh im Menschen verfestigen. Werden bestimmte Bedürfnisse nicht befriedigt oder muss das Kind relativ viele negative Eindrücke verarbeiten, kann eine andere Grundhaltung als die ideale „Ich bin okay – Du bist okay" entstehen.

Ich bin okay – Du bist okay

Jemand, der die Welt aus dem Blickwinkel „Ich bin okay, Du bist okay" betrachtet, hat eine positive Grundhaltung sich und anderen gegenüber. Konflikte oder Missstände wird diese Person tendenziell auf die Umstände und Gegebenheiten zurückführen und weniger auf das Handeln der Personen. Außerdem ist diese Person eher zu Kompromissen und zur Lösungsfindung bereit: „Wenn ich okay bin, du aber auch, und es dennoch zu einem Konflikt kam, haben wir unter Umständen beide dazu beigetragen, aber wir beide können auch wiederum Teil der Lösung sein" – daher ist diese Grundposition für ein soziales und ausgeglichenes Miteinander am förderlichsten.

Ich bin okay – Du bist nicht okay

Ein Mensch mit der Grundhaltung „Ich bin okay – Du bist nicht okay" sucht Ursachen für Probleme nicht bei sich, sondern entweder bei den anderen oder bei den Umständen. Problematisch ist hierbei oft die Abwertung der anderen, die wir bereits als kommunikatives No-Go erkannt haben. „Wenn es zu einem Konflikt kommt, ich aber okay bin und du nicht, dann bist du schuld an dem Konflikt". Diese Grundhaltung ist zudem wenig lösungsorientiert, denn für eine gemeinsame Lösung bedarf es stets der Akzeptanz beider Seiten. Außerdem werden Personen, die nach diesem Schema denken und agieren, sich häufig machtlos und hilflos fühlen, da sie andere und die Umwelt für Probleme verantwortlich machen und sich den Unzulänglichkeiten der anderen ausgeliefert sehen.

Ich bin nicht okay – Du bist okay

Diese Grundposition ist das exakte Gegenteil zur eben besprochenen. Hierbei werten sich die Betroffenen selbst ab und sehen sich als Ursache von Problemen, wohingegen andere Menschen oder äußere Umstände als unschuldig wahrgenommen werden. Auch diese Haltung kann aktives Handeln und Lösungsfindung blockieren, denn wenn wir uns als minderwertig wahrnehmen, sind wir ebenfalls blockiert, da wir dazu neigen, den anderen ständig recht zu geben und unsere eigenen Positionen und Bedürfnisse hinten anzustellen. Eine negative Selbstwahrnehmung in Kombination mit geringem Selbstwertgefühl kann zudem zu psychischen Beeinträchtigungen, wie etwa depressiven Erkrankungen, führen.

Ich bin nicht okay – Du bist nicht okay

Hierbei handelt es sich um die Grundposition der Hoffnungslosigkeit und der Verzweiflung. Wir empfinden uns selbst als nicht handlungsfähig, sehen aber auch die anderen in einem schlechten Licht. „Die Welt ist schlecht, aber ich bin es auch" – so oder zumindest so ähnlich lässt sich diese Position zusammenfassen. Sie ist in keiner Weise praxistauglich und kann in der Regel auch nicht lange aufrechterhalten werden. Menschen, die diese Grundposition über einen längeren Zeitraum innehaben und/oder sie stark internalisiert haben, sind als schwer depressiv zu betrachten und müssen psychologisch behandelt werden (Beck & Harrison, 1982).

Weitere Hinweise für eine Depression:
Die *Depression* ist eine psychische Krankheit, die sich durch Symptome wie Hoffnungslosigkeit, Niedergeschlagenheit und häufiges Grübeln (negative Gedankenspiralen) ausdrückt. Fehlendes Interesse, mangelnde Freude am Leben und ein geringes Selbstwertgefühl sind die Folgen. Die Depression ist von depressiven Verstimmungen abzugrenzen. Beinahe jeder Mensch hat Phasen in seinem Leben, in denen er niedergeschlagen oder schlecht gelaunt ist. Dies ist jedoch noch keine Depression. Ist der Zustand dauerhaft und empfindet man keinerlei Hoffnung auf Besserung (empfundene Ausweglosigkeit), handelt es sich meist um die *klinische* Depression. Diese muss professionell behandelt werden, Tipps wie Sport treiben, sich gesund ernähren oder Leute treffen, die bei depressiven Episoden häufig noch helfen können, sind hier keinesfalls mehr ausreichend. Sollten Sie selbst Symptome einer Depression haben oder jemanden in Ihrem Umfeld kennen, auf den die beschriebenen Symptome zutreffen, nehmen Sie professionelle Hilfe in Anspruch, denn eine unbehandelte klinische Depression hat häufig einen Suizid(versuch) zur Folge. An folgende Ansprechpartner können Sie sich wenden:

- Die Telefonseelsorge ist rund um die Uhr zu erreichen unter **0800-1110111.**
- Für Hilfe bei Depressionen und insbesondere die Prävention von Suiziden kann die Stiftung Deutsche Depressionshilfe kontaktiert werden: deutsche-depressionshilfe.de. Auf der Webseite finden Sie weitere Kontaktdaten der Organisation.
- Ein weiteres telefonisches Angebot ist das „Infotelefon Depression", zu erreichen unter **0800-3344533.**
- Informationen finden Sie zudem auf der Webseite der Deutschen Gesellschaft für Suizidprävention: suizidprophylaxe.de

Die Positionen können je nach Situation natürlich wechseln. Die wenigsten von uns haben eine feste Grundüberzeugung, von der sie in keinem Fall abrücken möchten.

Stellen wir uns folgende Szenarien vor:

- In einer harmonischen Beziehung gehen Sie davon aus, dass sowohl unser Partner als auch Sie selbst okay sind (Ich bin okay – Du bist okay).
- Wenn Sie ein Fußballspiel ansehen, werden Sie die eigene Mannschaft anfeuern und die gegnerische Mannschaft für exakt dieselben Handlungen auspfeifen oder beschimpfen. Einem gegnerischen Fan begegnen Sie mit Ablehnung (Ich bin okay – Du bist nicht okay).
- Sie besuchen einen Sprachkurs „Französisch für Anfänger". Während Sie noch nie Französisch gesprochen haben, haben die anderen Teilnehmer zumindest vor Jahren schon einmal in der Schule die Grundlagen gelernt. Die anderen können also (scheinbar) viel mehr als Sie (Ich bin nicht okay – Du bist okay).
- Wenn Sie sich mit Ihrem Partner aus Szenario 1 heftig gestritten haben, fangen Sie an, zu überlegen. Sie geben ihm eine Teilschuld, sehen aber auch ein, dass Sie selbst ebenfalls einen Fehler gemacht haben (Ich bin nicht okay – Du bist nicht okay).

Die Grundposition bleibt zwar bestehen, aber die meisten Menschen sind durchaus in der Lage, in bestimmten Situationen zu differenzieren.

Die Menschen sind okay

Mit dieser einfachen Grundannahme gehen Sie wesentlich positiver durch den Alltag. Sie betrachten Ihr Gegenüber als gleichwertig, und das ohne eine Bedingung daran zu knüpfen. Was zunächst banal klingen mag, ist bei genauerer Betrachtung gar nicht so einfach. Wie oft erleben wir Situationen, in denen wir uns über andere Menschen ärgern und sie dabei indirekt herabwürdigen?

- „Dieser Idiot hat mir die Vorfahrt genommen."
- „Was bildet dieser Trottel sich ein, sich an der Kasse vorzudrängeln?"
- „Oh Gott, wieder so einer, der Spenden auf der Straße sammelt – nichts wie weg, mit so einer Nervensäge will ich nicht sprechen."

Sicherlich mag es unangenehm sein, wenn jemand sich an der ohnehin schon vollen Supermarktkasse vordrängelt oder wenn Sie bei Ihrem Samstagsspaziergang von einem übereifrigen Spendensammler angesprochen werden. Doch die positive Grundhaltung besagt: „Auch diese Leute sind okay, weil sie Menschen sind." Es gibt keine qualitativen Unterschiede oder Bedingungen, jeder Mensch ist bereits deswegen okay, weil er ein Mensch ist – er gehört, genau wie Sie, zur *Menschheitsfamilie*.

„Was ist jedoch mit Mördern oder Kriegsverbrechern?" lautet eine häufige Gegenfrage zu dieser These. Hierzu sei klar genannt, dass es stets eine Unterscheidung zwischen dem Verhalten, also den Taten eines Menschen, und dem Menschen an sich gibt. Der Mensch in seiner Form ist erst einmal okay, seine Taten können aber natürlich dennoch falsch sein. Dazu bedarf es nicht einmal Extrembeispiele, den Beleg für die These finden wir im Alltag.

Beispiel: Stellen Sie sich vor, Sie haben einen guten Freund, der jedoch zu jeder Verabredung zu spät kommt. Sie mögen und schätzen ihn sehr (er ist okay), seine Unpünktlichkeit geht Ihnen jedoch auf den Wecker. Ihr Freund ist also okay, sein Verhalten ist es aber nicht (immer). Versuchen Sie bei einem Konflikt oder einem Streitgespräch daher immer, auf die konkreten Handlungen einer Person einzugehen und nicht auf seine Persönlichkeit. Wenn Sie etwa einen Arbeitskollegen haben, den Sie als unkollegial erleben, sagen Sie nicht: „Ich kann Sie nicht leiden, Sie sind kein guter Kollege", denn damit zielen Sie auf die Person ab. „Ich kann Sie nicht leiden" ist ein klarer Ausdruck der Grundhaltung „Ich bin okay – Du bist nicht okay"; sagen Sie stattdessen: „Ich finde es sehr unangenehm, dass Sie oftmals Teile Ihrer Arbeit nicht erledigen, die ich oder ein anderer Kollege dann für Sie abarbeiten muss." In diesem Fall bleiben Sie auf der persönlichen Ebene auf der Grundhaltung „Ich bin okay – Du bist okay", kritisieren aber auf der anderen Seite eine Handlungsweise, die Sie nicht in Ordnung finden.

Des Weiteren ist es sinnvoll, die Kommunikation so zu gestalten, dass zuallererst die eigenen Gefühle angesprochen werden. Es geht nicht darum, dem anderen einen Vorwurf zu machen, „Du hast mich verletzt/beleidigt", „Du vergisst immer alles" etc., sondern um die Artikulation der eigenen Empfindungen: „Ich fühle mich beleidigt, weil Du vorhin etwas zu mir gesagt hast. Das hat mich verletzt" oder „Ich fühle mich nicht wertgeschätzt, wenn Du unseren Jahrestag vergisst." Die Botschaft ist dieselbe, aber die Art der Kommunikation ist weniger konfrontativ und nicht vorwurfsvoll. Vielmehr öffnet man sich dem anderen gegenüber, da die eigenen Gefühle offenbart werden. Damit macht man sich unter Umständen angreifbar, aber eben auch verständlicher. Vielleicht ist es keine böse Absicht des Partners, dass er den Jahrestag immer vergisst. Wenn Sie ihm aber erklären, was dies in Ihnen auslöst, kann er Ihre emotionale Lage besser verstehen und ist eher geneigt, sein Verhalten zu ändern. Bei Vorwürfen hingegen blocken die meisten Menschen meist ab oder es beginnt ein Wechselspiel aus Vorhaltungen: „Ja, aber Du hast doch vor drei Jahren meinen Geburtstag vergessen" etc. Achten Sie also darauf, Ihre Gefühle zu kommunizieren.

Reflexion

In unserem Alltag kann es vorkommen, dass wir unbewusst Werturteile über andere Menschen treffen und diese damit herabsetzen. Stellen Sie sich vor, Sie sitzen in einem Zug und gegenüber von Ihnen nimmt ein Mann Platz, der eine eng anliegende grüne Hose trägt. Ihr spontaner erster Gedanke hierzu lautet: „Wie kann man sich nur so kleiden, in diesem Alter noch eine grüne Röhrenjeans zu tragen." Sie urteilen also über diesen Mann und nehmen dabei die Position „Ich bin okay – Du bist nicht okay" ein. Denn Sie sind mit Ihrem eigenen Kleidungsstil ja vermutlich zufrieden, sonst würden Sie den des anderen Herrn nicht kritisieren.

Sie halten sich also für besser gekleidet als den Mann, der Ihnen gegenübersitzt, und werten ihn deshalb in gewisser Weise ab. Doch auch dieser Mann gehört zur Menschheitsfamilie, er ist okay, weil er ein Mensch ist. Machen Sie sich diesen Gedanken stets bewusst. Zudem wissen Sie nicht, warum der Mann die Hose trägt. Vielleicht ist er Künstler auf dem Weg zu einer Ausstellung, auf der alle so gekleidet sind wie er. Vielleicht hat er aber auch wenig Geld und besitzt nur diese eine Hose oder aber Äußerlichkeiten sind im schlichtweg egal und er definiert sich über andere Werte. Wir wissen also nichts über diesen Mann und haben daher auch kein Recht, über ihn zu urteilen und uns über ihn zu stellen.

Hinweis:
Oftmals ist die Haltung „Ich bin okay – Du bist nicht okay" eine Schutzhaltung, um von eigener Unsicherheit oder eigenen Fehlern abzulenken. Um das eigene geringe Selbstwertgefühl zu kaschieren, gibt man den anderen die Schuld und stellt sich über sie. Diese Haltung ist also nicht nur ungesund *anderen* gegenüber, sondern kann auch auf ein ungesundes Ich-Verhältnis hindeuten.

Solche Gedanken können vorkommen, sie laufen meist automatisiert ab und wir können sie nicht immer unterdrücken. Doch wir können sie jederzeit *reflektieren* und uns bewusst machen, dass wir gerade einen unangemessenen Gedanken gefasst haben. Gehen Sie daher mit offenen Ohren und Augen durch Ihren Alltag und beobachten Sie bei sich selbst, wann Sie Ihre Grundhaltung „Ich bin okay – Du bist okay" verlassen. Kehren Sie nach Möglichkeit immer zu dieser Einstellung zurück und begegnen Sie Ihren Mitmenschen, aber auch sich selbst mit größtmöglicher Offenheit und Toleranz!

Reflexion und Toleranz im Alltag lernen

Selbstreflexion ist in jeder Situation des Alltags hilfreich! Sie sollten daher unbedingt in sich selbst investieren, indem Sie bestimmte Übungen zur Selbstreflexion und zur Erlangung von Toleranz sich selbst und anderen gegenüber in ihre täglichen Routinen einbauen; denn wie hat schon der berühmte Investor Warren Buffett gesagt: „Man sollte in sich selbst investieren, das ist die einzige Investition, die sich tausendfach auszahlt." Mit diesen fünf Übungen für Ihren Alltag können Sie Reflexion und Achtsamkeit lernen:

1. **Morgendliches Brainstorming:** Mit dieser Übung beginnen Sie den Tag bereits mit positiven Gedanken. Wenn Sie morgens aufwachen, gehen Ihnen meistens schon die ersten Gedanken durch den Kopf – schreiben Sie diese auf, unabhängig davon, ob Ihnen die Gedanken im ersten Moment sinnvoll oder zielführend erscheinen oder nicht. Es handelt sich um eine freie, assoziative Form des Brainstormings. Am Ende haben Sie einen oder mehrere Zettel mit Ihren Gedanken – die sogenannten Morgenseiten – gefüllt. Sie werden sehen, dass Sie durch diese Entleerung Ihrer Gedanken direkt am Morgen eine Menge über sich selbst lernen können, zum Beispiel, was Sie unmittelbar nach dem Aufstehen beschäftigt, also noch bevor Sie den Reizen Ihrer Umwelt, Ihres Arbeitsplatzes etc. ausgesetzt sind. Etablieren Sie das morgendliche Brainstorming und die Morgenseiten als eine Routine. Mehr als fünf bis zehn Minuten benötigen Sie hierzu meistens nicht.

2. **Abendrituale etablieren:** Am Abend müssen Sie die oben erwähnten Reize des Tages verarbeiten. Dabei geraten viele Menschen ins Grübeln und es fällt ihnen schwer, das Erlebte zu sortieren und zu verarbeiten. Auch hierbei hilft es, die Gedanken aufzuschreiben, am besten machen Sie sich Notizen in Form eines Tagebuchs („Journals"). Stellen Sie dabei insbesondere die positiven Aspekte des vergangenen Tages hervor: Was lief gut? Welche positiven Erfahrungen haben Sie gemacht? Welche angenehmen sozialen Begegnungen haben Ihren Tag bereichert? Wofür sind Sie dankbar? etc. Mit dem Journaling stoppen Sie nicht nur das Grübeln, sondern sortieren auch Ihre Gedanken und gehen mit einem positiveren und aufgeräumteren Gefühl schlafen.

3. **Meditieren:** Meditieren hilft Ihnen nachweislich bei der Entspannung Ihres Körpers und Ihres Geistes. Sie können die entsprechenden Übungen sowohl morgens als auch abends durchführen, wenn Sie die Gelegenheit dazu haben, geht es sogar während kurzer Arbeitspausen im Büro. Auf YouTube oder ähnlichen Plattformen finden Sie zahlreiche Tutorials und Schritt-für-Schritt-Anleitungen, die Ihnen Meditation näherbringen. Probieren Sie es aus und Sie werden sehen, dass auch Sie schon bald entspannter sind. Wichtig: Sorgen Sie für möglichst große Ruhe in Ihrer Umgebung. Auch wenn Sie kleine Kinder haben oder in einer unruhigen Großstadt wohnen, versuchen Sie, sich für die Meditation für einen kurzen Augenblick zurückzuziehen und größtmögliche Ruhe einkehren zu lassen.

4. **Spaziergänge:** Auch Spaziergänge können ihre Wirkung entfalten, schließlich schätzten große Denker und Künstler wie Goethe, Schopenhauer oder Caspar David Friedrich das Spazierengehen in hohem Maße. Durch die Zufuhr von natürlichem Licht und Sauerstoff wird Ihr Körper angeregt, außerdem aktiviert das Laufen die Muskeln und den Bewegungsapparat, der insbesondere von Angestellten in Bürojobs meist viel zu wenig beansprucht wird. Verschließen Sie beim Spazierengehen niemals die Augen, sondern nehmen Sie die Welt um Sie herum bewusst in sich auf, in diesem Modus erfahren Sie Resonanz mit Ihrer Umwelt (Rosa, 2019). Schweifen Sie beim Spazierengehen unbesorgt mit Ihren Gedanken ab und geben Sie sich Ihren Eindrücken hin. Auf diese Weise können Sie von Ihrem Alltag abschalten und Ihren Körper und Geist herunterfahren.

5. **Selbstgespräche:** Selbstgespräche können Ihnen dabei helfen, Ihre Emotionen auszusprechen. Viele Menschen neigen dazu, ihre negativen Gefühle wie Wut, Trauer oder Enttäuschung in sich hineinzufressen, sie möchten mit niemandem über ihre Empfindungen sprechen oder haben niemanden in ihrem Umfeld, dem sie sich emotional anvertrauen möchten. Je länger Sie Ihre Gefühle jedoch unausgesprochen in sich arbeiten lassen, desto stärker potenzieren Sie sich, was im Falle negativer Gefühle zu einer Beeinträchtigung Ihres Gemütszustands führen kann. Wenn Sie also mit niemandem aus Ihrem Umfeld sprechen wollen, dann sprechen Sie mit sich selbst. Dieses Gespräch muss nicht hörbar sein, Sie können auch stumm mit sich sprechen, schließlich würden Sie vermutlich skeptische Blicke Ihrer Mitmenschen ernten, wenn Sie im Zug oder im Supermarkt plötzlich laut anfangen würden, mit sich selbst zu sprechen. Versuchen Sie dennoch, Ihre Gedanken bewusst so zu formulieren, als würden Sie mit jemandem sprechen – so, als müssten Sie Ihre Gefühle jemand anderem erklären. Damit unterscheidet sich das Selbstgespräch vom inneren Monolog und vom Gedankenkarussell. Sprechen Sie also mit sich selbst und ordnen Sie so Ihre Gedanken und Gefühle.

Da jeder Mensch unterschiedlich ist, werden auch die genannten Übungen bei jedem Menschen unterschiedlich gut funktionieren. Versuchen Sie, herauszufinden, welche Übung(en) Ihnen am besten hilft und wie Sie diese am besten in Ihren Alltag integrieren. Keine dieser Übungen kostet übermäßig viel Zeit oder Ressourcen, sie sind schnell, effektiv und erfordern keinerlei finanziellen Aufwand. Versuchen Sie also Ihr Glück und Sie werden feststellen, dass unter den genannten Übungen auch eine passende für Sie dabei ist.

Eigene Muster und Glaubenssätze

Unser Ziel ist es also, sowohl uns selbst als auch anderen gegenüber positiv gestimmt aufzutreten und negative Werturteile zu vermeiden. Unsere Denkmuster sollen dabei möglichst positiv sein („Ich bin okay – Du bist okay"). Im

Alltag haben wir jedoch oftmals mit Glaubenssätzen zu tun, die unsere Denkmuster limitieren oder negativ beeinflussen können. Glaubenssätze sind grundlegende Annahmen und Überzeugungen, die nicht immer von der Realität gedeckt sein müssen – wichtig ist allerdings, dass man von der Wahrheit des Glaubenssatzes überzeugt ist und auch entsprechend handelt. Wenn ich also glaube, dass ich zum Beispiel kein Talent fürs Schreiben habe, dann werde ich es vermutlich auch nicht versuchen, und wenn ich es nie versuche und dementsprechend nie übe, werde ich auch tatsächlich nie gut im Schreiben werden. Ein wichtiges Ziel zur Erlangung einer positiven Weltsicht und positiver Denkmuster ist also die Überwindung negativer Glaubenssätze.

Information Glaubenssätze:
Bei Glaubenssätzen handelt es sich um grundsätzliche Annahmen, die ein Mensch über sich, sein Umfeld und die Welt im Allgemeinen trifft. Glaubenssätze sind oft pauschal und grundlegend, das heißt, eine Aussage wie „Die Welt ist schlecht" oder „Der Mensch ist von Grund auf gut" kann als Glaubenssatz bezeichnet werden. Die meisten Menschen haben ein kleineres oder größeres Bündel an Glaubenssätzen, die sie in ihrem Alltag mit sich tragen. Es handelt sich bei Glaubenssätzen stets um die eigene *Interpretation* von Wahrheit, die auf Grundlage unserer Erlebnisse und Prägungen zustande kommt. Ein Mensch, der schon einmal betrogen wurde, neigt sicherlich eher dazu, die Welt als „schlecht" und die Mitmenschen als „böse" anzusehen, als ein Mensch, der ausschließlich positive Erfahrungen mit seinen Mitmenschen gemacht hat. Jemand, der fest davon ausgeht, dass er nicht gut schreiben kann, wird ebenfalls aufgrund eines Erlebnisses zu dieser Erkenntnis gelangt sein. Dabei muss dieses Erlebnis nicht besonders spektakulär sein, unter Umständen kann sich die betroffene Person nicht einmal mehr daran erinnern – dennoch hat es sich eingebrannt und führt dazu, dass sich bei der Person ein Glaubenssatz verankert hat. Bei der genannten Schreibblockade kann es zum Beispiel sein, dass ein Lehrer oder eine Lehrerin einmal vor der gesamten Klasse einen Satz aus einem eigenen Aufsatz als Negativbeispiel vorgelesen hat. Auch wenn der Lehrer keinen Namen dazu nannte, von wem der Satz geschrieben wurde, wusste die betroffene Person natürlich, dass er von ihr stammte. Die ganze Klasse lachte daraufhin, weshalb bei der Person unterbewusst bis heute mitschwingt: *Ich kann nicht schreiben, ich blamiere mich nur, wenn ich es versuche*. Der Glaubenssatz wurde als innere Wahrheit verankert.

Dabei gibt es einen Unterschied zwischen positiven und negativen Glaubenssätzen. Wer glaubt, dass der Mensch von Grund auf gut ist, wird seinen Mitmenschen positiver gegenübertreten als jemand, der die Welt von Grund auf schlecht sieht. Generell ist es ratsam, die eigenen Glaubenssätze zu hinterfragen und gegebenenfalls auszudifferenzieren, denn Pauschalaussagen stimmen in den seltensten Fällen zu einhundert Prozent.

Glaubenssätze und das Gesetz der Resonanz:
Negative Glaubenssätze führen eher zu negativer, positive Glaubenssätze eher zu positiver Resonanz. Sie werden feststellen, dass Sie mit einer negativen Grundhaltung im Alltag eher negative Erfahrungen machen als mit einer positiven. Negative Energien strahlen aus und übertragen sich auf das Gegenüber. Sie erhalten die Energie als Resonanz zurück, die Sie Ihrem Gegenüber aussenden. Somit wird Ihre innere Wahrheit immer wieder aufs Neue bestätigt. Wenn Sie davon ausgehen, dass niemand Sie leiden kann, gehen Sie mit einer negativen Grundhaltung auf andere Leute zu. Diese spiegeln Ihnen die negative Grundhaltung wider und Sie fühlen sich in Ihren negativen Gedanken bestätigt, auch wenn diese sich jeder Grundlage entbehren. Man spricht auch von selbsterfüllenden Prophezeiungen.

Veränderung limitierender Glaubenssätze und Ansichten

Auf Dauer ist es schwer, mit einem Bündel an negativen Glaubenssätzen, also einem negativen *Mindset*, durchs Leben zu gehen. Die mentale Belastung dieser Gedanken wird schnell spürbar und kann zu einer tieferen Krise führen. Auch behindern uns negative Gedanken bei unserer positiven Sicht auf andere. Wenn wir unsere Mitmenschen grundsätzlich als egoistisch oder unehrlich wahrnehmen, kommen wir nicht zur gewünschten Einschätzung, dass der Mensch an sich gut und in Ordnung ist. Wenn Sie sich durch Ihre negativen Glaubenssätze selbst limitieren, kommen Sie wiederum nicht zu der Erkenntnis, dass Sie in Ordnung sind.

Umwandlung negativer Glaubenssätze in positive: Die kognitive Umstrukturierung

In der Psychotherapie wird beim Prozess der Umwandlung von negativen in positive Glaubenssätze häufig die Methode der *kognitiven Umstrukturierung* angewendet. Grundlage dieser Methode ist das sogenannte A-B-C-Modell. Stellen Sie sich vor, Sie treffen eine Bekannte beim Einkaufen. Sie sind nicht eng befreundet, aber Sie kennen sich gut genug, um kurz stehen zu bleiben und sich auszutauschen. Sie sagt zu Ihnen: „Oh, Du hast ja ein bisschen an Gewicht zugenommen." Dieser Satz ist zunächst nur eine Feststellung, die richtig oder falsch sein kann. Entweder haben Sie zugenommen oder nicht, eine Wertung ist in diesem Satz jedoch nicht enthalten. Dennoch werden Sie ihn vermutlich als Beleidigung oder zumindest als Kränkung wahrnehmen. Doch warum eigentlich?

Wenn Sie die Situation schildern wollten, würden Sie vermutlich sagen: „Ihre Bemerkung hat mich gekränkt." Doch eigentlich war es nicht die Bemerkung Ihrer Bekannten, die Sie gekränkt hat, sondern Ihre eigenen Gedanken und Empfindungen, die aus ihrer Bemerkung resultierten, oder psychologisch ausgedrückt: Ihre *Kognition*! Weil Sie die Bemerkung als Angriff auf Ihre Person interpretieren und sich dementsprechende Gedanken machen („Warum sagt sie sowas?" / „Kann sie mich nicht leiden?" / „Findet sie mich unattraktiv?"), fühlen Sie sich aufgrund der Bemerkung schlecht. In Wahrheit wissen Sie allerdings nicht, wie der Kommentar der Bekannten zu verstehen ist. Vielleicht ist sie sozial ein wenig ungeschickt und sagte nur frei heraus, was sie in diesem Moment dachte, ohne eine Intension und ohne zu bedenken, wie dieser Satz bei Ihnen ankommt. Oder vielleicht war es sogar als Kompliment gemeint, da Sie früher eher untergewichtig waren, und der Kommentar ist positiv zu verstehen im Sinne von „gut siehst Du aus". In jedem Fall ist es wichtig, zu verstehen, dass nicht die Äußerung Ihrer Bekannten (**A**) zu Ihren negativen Empfindungen (**C**) führt, sondern Ihre eigenen Gedanken und Gefühle (**B**) zwischengeschaltet sind. Aus A folgt B und aus B folgt C, weshalb das Modell A-B-C-Modell heißt.

Die kognitive Umstrukturierung erfolgt also auf Grundlage des A-B-C-Modells. Der Ansatz, der dabei verfolgt wird, ist die Umstrukturierung von B, also der eigenen Gefühlswahrnehmung und der daraus resultierenden (negativen) Gedanken. In der Literatur werden meist fünf Schritte genannt:

1. **Die Vermittlung des kognitiven Modells (an den Klienten):** Zunächst muss der Klient verstehen, was das A-B-C-Modell bedeutet. Er darf nicht länger davon ausgehen, dass A zu C führt, sondern muss den Zwischenschritt B verstehen, denn nur so kann man an einer Umstrukturierung der Empfindungs- und Gedankenwelt arbeiten.

2. **Die Aufdeckung von dysfunktionalen Kognitionen in einer konkreten Problemlage:** Der Klient muss erkennen, dass seine Kognitionen *dysfunktional* sind, dass sie ihn im Alltag also mehr belasten, anstatt ihm weiterzuhelfen. Wenn sämtliche Äußerungen oder Kommentare negativ auf die eigene Person bezogen werden, stellt dies eine erhebliche Belastung dar, derer Sie sich entledigen sollten. Beziehen Sie sich bei der Aufdeckung der Dysfunktion stets auf konkrete Beispiele, wie etwa unser Beispiel mit der Gewichtszunahme. Beispiele aus dem realen Erleben des Klienten helfen ihm dabei, das Problem zu verstehen.

3. **Die Infragestellung dieser dysfunktionalen Kognitionen:** Wenn der Klient seine Kognitionen als dysfunktional erkannt hat, besteht der nächste Schritt in der Infragestellung. Dazu können einfache Fragen gestellt werden wie: „Bist Du Dir sicher, dass die Äußerung deiner Bekannten ein Angriff auf deine Person war?" / „Wie kommst Du darauf – kannst Du es belegen?" Dem Klienten sollen an dieser Stelle alternative, positive Deutungsmuster von Situationen vermittelt werden. Wo zuvor noch negative Kognitionen standen, sollen nun positive(re) Verbindungen aufgebaut werden. Das negative Denkschema grundlegend infrage zu stellen, ist dabei der erste Schritt.

4. **Die Erarbeitung von angemessenen / funktionalen Kognitionen:** Sind die negativen Kognitionen erfolgreich als dysfunktional erkannt und ausreichend infrage gestellt, sodass der Klient sich innerlich von ihnen verabschiedet hat, gilt es, angemessene Kognitionen zu erarbeiten. Aus der Äußerung (A) sollen also positive Gedanken (B) entstehen, damit das Gefühl (C) ebenfalls positiv ist. Die Kognitionen müssen vom Klienten selbst erarbeitet werden, ein Therapeut kann allerdings assistierend zur Seite stehen, indem er Fragen stellt und vor allem hinterfragt. Letzten Endes handelt es sich um eine Neuinterpretation der erlebten Wirklichkeit, die vom Klienten aus kommen muss. Stellen Sie sich den Prozess der Umstrukturierung vor wie die Interpretation eines Kunstwerks. Sie sehen ein Stillleben mit einer welken Blume (ein sogenanntes *Vanitas*-Symbol / lat.: vanitas = Vergänglichkeit). Sie können das Bild sehr negativ sehen und als Symbol für Verwesung und Tod betrachten. Doch ist es nicht erfreulicher, wenn Sie stattdessen Wandel und Veränderung darin sehen? Während eine Blume welkt, blüht die nächste auf und so weiter ... Sie sehen: Ein und dasselbe Bild mit zwei unterschiedlichen Interpretationen führt zu zwei unterschiedlichen Gemütszuständen!

5. **Die Einübung der funktionalen Kognitionen in konkreten Problemlagen:** Ähnlich wie die Interpretation eines Kunstwerks kann auch die Erarbeitung funktionaler Kognitionen schnell abstrakt werden. Darum ist es entscheidend, die Kognitionen im Alltag einzuüben und sie so konkret werden zu lassen. Gehen Sie also bewusst durch Ihren Alltag und versuchen Sie gezielt, positiv zu denken und Ihre Umwelt unter positiven Gesichtspunkten zu deuten. Sie werden sehen, dass es Ihnen schon nach kurzer Zeit besser damit geht (Wilken, 2003).

Was machen Glaubenssätze mit uns?

Glaubenssätze können einen massiven Einfluss darauf haben, wie wir die Welt wahrnehmen. Der Mensch neigt dazu, Ereignisse in seinem Leben oder in der Welt so zu deuten, dass sie in die eigene Weltsicht passen. Wenn Sie also grundsätzlich misstrauisch sind und davon ausgehen, dass Ihre Mitmenschen Ihnen schaden oder Sie übervorteilen wollen, werden Sie soziale Interaktionen unter diesem Gesichtspunkt deuten.

Beispiel: Wenn Ihnen ein Bekannter etwas schenkt oder Ihnen einen Gefallen tut, werden Sie davon ausgehen, dass er im Gegenzug einen viel größeren Gefallen von Ihnen erwartet. Anstatt sich zu freuen, überlegen Sie also bereits, was der Bekannte im Gegenzug von Ihnen wollen könnte, und bleiben so in einer negativen Gedankenspirale verhaftet. Ebenso misstrauen Sie zum Beispiel Ihrem Partner. Wenn dieser später von der Arbeit nach Hause kommt, gehen Sie nicht davon aus, dass er mehr gearbeitet hat oder im Stau stand, sondern Sie vermuten wahrscheinlich eine Affäre dahinter und beginnen, Ihrem Partner zu misstrauen. Auch unsere Ängste können uns stark prägen und zu Glaubenssätzen werden. Wenn Sie davon ausgehen, dass die Welt ein gefährlicher Ort ist, werden Sie Situationen anders beurteilen, als wenn Sie mit einem gewissen Grundvertrauen durch die Welt gehen. Nehmen wir noch einmal das Beispiel des Partners, der später von der Arbeit nach Hause kommt. Wenn Sie davon ausgehen, dass die Welt gefährlich ist, vermuten Sie wahrscheinlich einen Unfall oder gehen zumindest davon aus, dass etwas Schlimmes passiert ist. Auch hier werden Sie von negativen Gedanken bestimmt, anstatt sich zu entspannen und die wahrscheinlichste und naheliegendste Variante anzunehmen, nämlich dass er einfach bloß länger arbeiten muss. Unsere Glaubenssätze beeinflussen also in starkem Ausmaß, wie wir die Welt wahrnehmen, und somit auch, wie wir selbst von anderen wahrgenommen werden. Im schlimmsten Fall werden unsere negativen Glaubenssätze zu *selbsterfüllenden Prophezeiungen*. Wenn wir misstrauisch sind und unseren Mitmenschen mit Misstrauen begegnen, wird unsere Interaktion durch diesen Glaubenssatz geprägt; wir verhalten uns distanziert, reserviert und lassen niemanden an uns heran. Somit wirken wir auf andere weniger sympathisch, zudem ist es dem Gegenüber unangenehm, stets unser Misstrauen zu empfangen. Somit erzeugen wir selbst eine negative Grundstimmung und eine ablehnende Haltung uns gegenüber, die uns wiederum in unserer Annahme bestätigt, dass andere Menschen grundsätzlich *gegen uns* sind und wir niemandem vertrauen können. Unsere negative Annahme wird deshalb zur Realität, weil wir so konsequent an ihr festgehalten haben.

Positive und negative Glaubenssätze

Glaubenssätze können sowohl positiv als auch negativ sein. Auch der feste Glaube daran, dass *das Leben schön ist* oder die *Menschen im Grunde ihres Herzens gut* sind, stellt einen Glaubenssatz dar, der in diesem Fall jedoch eine positive Wirkung darauf hat, wie Sie Ihre Mitmenschen im Alltag wahrnehmen. Positive Glaubenssätze können befreiend wirken und Ihnen ein gutes Gefühl verleihen, wenn Sie etwas tun. Anders als bei negativen Glaubenssätzen, durch welche Sie selbst Geschenke oder nett gemeinte Komplimente als etwas Verdächtiges, tendenziell Negatives, wahrnehmen, können positive Glaubenssätze dazu führen, dass Sie sogar tendenziell negative Ereignisse positiv umdeuten. Wenn Ihr Chef Ihnen einmal wieder zu viel Arbeit gibt oder Sie für etwas kritisiert, denken Sie zum Beispiel „Er traut mir viel zu, sonst würde er mir nicht so viel Arbeit geben" oder „Er hält sehr viel von meiner Arbeit, daher kritisiert er mich für den kleinsten Fehler, weil er ansonsten Perfektion gewohnt ist". Statt eines Konfliktes und einer negativen Gedankenspirale erleben Sie sogar ein positives Gefühl und gehen im Anschluss mit Motivation und Selbstvertrauen an die Arbeit, anstatt mit Demotivation und Selbstzweifeln.

Negative Glaubenssätze wirken wie eine Handbremse, die während Ihrer Fahrt durchs Leben angezogen ist, positive Glaubenssätze können hingegen die Wirkung eines Gaspedals entfalten, das Ihnen eine schnelle Fahrt in Richtung Ihrer Ziele ermöglicht. Negative Glaubenssätze können ihre Ursache in dysfunktionalen Kognitionen haben. Diese haben wir bereits im vergangenen Kapitel betrachtet. Versuchen Sie, die negativen Annahmen, mit denen Sie durchs Leben gehen, aufzulösen und im besten Fall durch positive Annahmen zu ersetzen.

In Verantwortung und Positivität handeln

Wie eingangs bereits erwähnt, ist es das oberste Ziel der Transaktionsanalyse, eigenständige, eigenverantwortliche Persönlichkeiten hervorzubringen, die mit einer positiven Grundhaltung durch den Alltag gehen. Autonomie und Positivität hängen dabei eindeutig zusammen. Nur, wenn ich mich selbst als in Ordnung bezeichne, bin ich in der Lage, meine eigenen Fähigkeiten korrekt einzuschätzen und meine Stärken zu erkennen. Im Selbstbild des „Ich bin nicht okay" kann ich mein volles Potenzial niemals entfalten.

Beispiel: Stellen Sie sich vor, Ihr Vorgesetzter kommt zu Ihnen und bittet Sie, eine komplizierte Aufgabe zu erledigen. Der zuständige Kollege sei krank und es müsse eine Frist eingehalten werden. Wenn Sie sich selbst als „nicht okay" sehen, werden Sie schnell zweifeln, Sie glauben, die Aufgabe nicht fachgerecht ausführen zu können, und kommunizieren dies Ihrem Chef gegenüber. Diese Situation ist für beide Seiten verlustbringend – für den Chef, da nun niemand die wichtige Aufgabe erledigt (oder er es im Zweifel selbst erledigen muss), aber auch für Sie, denn Ihr Ansehen im Unternehmen kann durch die Ablehnung leiden. Wenn Sie sagen, dass Sie etwas nicht können, wird der Chef eventuell zweifeln, ob Sie überhaupt der Richtige für diese Stelle sind, oder er wird Ihnen in Zukunft keine anspruchsvollen Aufgaben mehr übertragen, da er davon ausgeht, dass Sie damit ohnehin überfordert wären. So wird Ihr negatives Selbstbild zur selbsterfüllenden Prophezeiung, denn wenn Sie keine anspruchsvollen Aufgaben mehr erhalten, sind Sie diesen irgendwann auch nicht mehr gewachsen, da Sie es nicht gewohnt sind, diese auszuführen.

Positivität und Verantwortung hängen also eng zusammen. Wenn Sie in diesem Beispiel positiv gestimmt sind, sind Sie auch bereit, mehr Verantwortung zu übernehmen. Sie nehmen die Aufgabe an, denn *der Chef ist okay* (er hat gute Gründe, mir diese Aufgabe zu geben) und i*ch bin auch okay* (ich kann es schaffen). Übernehmen Sie daher Verantwortung für sich selbst und für Ihre Entscheidungen!

Was wir in diesem Buch lernen werden

Um den Zustand der Positivität und der Eigenverantwortung zu erreichen, werden Sie in diesem Buch Folgendes lernen:

- **Selbstbewusstsein / Selbstreflexion trainieren:** In jedem Menschen ist die Fähigkeit der Reflexion bereits angelegt, er muss nur Gebrauch davon machen. Wie man seine eigenen Handlungen und Aussagen innerhalb einer sozialen Interaktion reflektiert, wird Bestandteil der praktischen Übungen in diesem Buch sein.
- **Verständnis für andere entwickeln:** Wenn Sie Ihre eigene Kommunikation, Ihr eigenes Verhalten innerhalb sozialer Situationen reflektieren, können Sie auch das Verhalten anderer besser verstehen. Sie lernen nicht nur, die eigene Kommunikation zu reflektieren, sondern auch, die der anderen zu analysieren. Auf diese Weise entwickeln Sie automatisch eine höhere Toleranz gegenüber Ihren Mitmenschen.
- **Positive Grundhaltung:** Wenn Sie eine höhere Toleranz gegenüber sich selbst und Ihren Mitmenschen entwickeln, werden Sie automatisch zu einer positiveren Grundhaltung gelangen. Die theoretische Grundlage der positiven Weltsicht haben Sie in diesem Kapitel bereits kennengelernt. Im Folgenden wird es nun darum gehen, die praktische Umsetzung zu erlernen. Zu diesem Zweck werden Ihnen verschiedene alltagsnahe Beispiele aufgezeigt.

Beginnen wollen wir jedoch zunächst mit einem Exkurs in die Psychologie.

Die Anteile unserer Psyche: Wir handeln mit unterschiedlichen Motivationen

„Der Gedanke legt den Grund für die Tat".
(Helmuth von Moltke (1800–1891), preußischer General)

Für den Prozess der Reflexion der eigenen Handlungen und Kommunikationsweisen ist das Verständnis der Psyche elementar. Wichtig ist hierbei, zu verstehen, dass nicht alle unsere Handlungen auf einer bewussten Ebene ablaufen, sondern vieles im sogenannten Unterbewusstsein passiert. Der Urvater der Psychoanalyse, Sigmund Freud (1856–1939), war es, der die Rolle des Unterbewussten am treffendsten formulierte: Wir sind nicht Herr im eigenen Haus. Das Individuum ist demnach in der Lage, zu handeln, wird aber dabei von unbewussten Kräften wie verdrängten Wünschen, Ängsten und Sehnsüchten beherrscht.

Biografie: Sigmund Freud

Sigmund Freud (* 1856 in Freiberg, Kaisertum Österreich, als Sigismund Schlomo Freud; ✝ 1939 in London) war ein österreichischer Psychologe sowie Kulturkritiker und Gesellschaftstheoretiker, der bis heute eine breite Rezeption in den Sozial- und Geisteswissenschaften erfährt. Er ist der Begründer der Psychoanalyse.

Freud entstammt einer jüdischen Familie und wurde in Freiberg geboren, das heute auf dem Gebiet Tschechiens liegt. Nach dem Besuch des Gymnasiums wollte Freud zunächst Rechtswissenschaft studieren, entschied sich dann aber für Medizin und wurde im Jahr 1873 an der Universität Wien immatrikuliert. Sein besonderes Interesse galt, seit Beginn des Studiums, der Erforschung der conditio humana, also der *Natur des Menschen*. Daher entwickelte er in der Zeit, in der er als Arzt in Wien praktizierte, verschiedene Überlegungen und Modelle, die weniger auf körperliche als auf mentale Krankheiten der Menschen abzielten. Seine erste publizierte Studie zu dem Thema beschäftigte sich mit der *Hysterie* von Frauen. Große Popularität erlangte Freud 1899 mit der Publikation seines Werkes *Die Traumdeutung*, in dem er erstmals den Gedanken formuliert, dass Träume Ausdrücke von Ängsten, Wünschen oder Sehnsüchten des Menschen sein können. Ebenfalls breite Rezeption erfuhr seine 1904 veröffentlichte Studie *Zur Psychopathologie des Alltagslebens*, in der er unter anderem die noch heute oft zitierte Freud'sche Fehlleistung beschrieb: Also einen unterbewussten Versprecher, bei dem eine Person unbewusst das sagt, was sie eigentlich denkt, obwohl sie es nicht aussprechen wollte. Denken wir nur an die berühmte Szene, in der die damalige Bundeskanzlerin Angela Merkel den umstrittenen hessischen Ministerpräsidenten mit den Worten „Sehr geehrter Roland Kotz ... äh Koch" begrüßte.

Andere Theorien Freuds, zum Beispiel zu frühkindlichen Entwicklungsphasen und Prägungen des Menschen, werden heute von der Psychologie weitestgehend negiert. Bereits zu Lebzeiten erhielt Freud Widerspruch, zum Beispiel von seinem (ebenfalls noch heute berühmten) Schüler Carl Gustav Jung. Die Grundgedanken der Psychoanalyse sind jedoch bis heute von Relevanz für das Verständnis unserer Gesellschaft und überdauerten auch die Verfolgung durch die Nationalsozialisten, die die Psychoanalyse als „jüdische Wissenschaft" verfolgten. Freud selbst blieb noch lange nach Hitlers Machtergreifung in Wien, auch als seine Bücher bereits verbrannt wurden. Erst 1938, infolge des Anschlusses Österreichs, floh er mit seiner Tochter Anna, die sich ebenfalls zur Psychoanalytikerin hatte ausbilden lassen und den kranken Vater bereits auf Vorträgen vertrat, nach London ins Exil.

Dort starb Sigmund Freud, aufgrund seines starken Tabakkonsums an Gaumenkrebs erkrankt, nur ein Jahr später an einer Überdosis Morphium, die sein Hausarzt Max Schur ihm zur Linderung der Schmerzen, verursacht durch zahlreiche Krebsgeschwüre, verabreichte. Heute gilt Freud als einer der einflussreichsten und weltweit meistrezipierten Denker des 20. Jahrhunderts.

Bewusstsein und Unterbewusstsein

Freuds „Eisbergmodell"

Sigmund Freud unterscheidet in seiner Schrift *„Das Ich und das Es"* drei Ebenen der menschlichen Psyche. Eine Ebene ist die bereits angesprochene Ebene des Unterbewussten – Freud nennt sie das *Es*. Das Es beschreibt unsere Ängste, Wünsche und verdrängten Traumata, die tief in uns liegen, aber uns im Alltag nicht bewusst sind. Person A weiß zum Beispiel, dass sie sich in engen Fahrstühlen unwohl fühlt, kann den Grund dafür allerdings nicht benennen. Sie kann bei sich selbst eine gewisse Tendenz zur Platzangst feststellen, ohne jedoch die Ursache dafür zu kennen. Auch die Triebe zählen zur Ebene des Es, diese werden laut Freud in der Zivilisation häufig unterdrückt, um sozialen Normen zu genügen. Insbesondere der Sexualtrieb wird dabei oftmals nicht vollständig ausgelebt, was je nach Ausmaß der Unterdrückung zu mehr oder minder schweren psychischen Problemen führen kann. Von Extrembeispielen wie inzestuösen Begehren oder Störungen der Sexualität, etwa in Form von Pädophilie, abgesehen, können auch harmlosere sexuelle Bedürfnisse unbefriedigt bleiben.

Beispiel: Person B muss ihre Sexualität weitestgehend unterdrücken, da ihr Partner nicht dieselben Vorlieben hat wie sie und sie auch nicht gewillt ist, ihn zu betrügen, um ihre sexuellen Bedürfnisse zu befriedigen. Auch wenn sie im Alltag ihre Wünsche und ihre Lust unterdrückt, schwirrt das Bedürfnis auf der Ebene des Es weiterhin in ihr. Laut Freud flüchten sich Personen, die einen Trieb aufgrund eines gesellschaftlichen Tabus oder praktischer Unmöglichkeit unterdrücken müssen, oft *Ersatzbefriedigungen*, das heißt, sie schaffen eine Möglichkeit, ihren Trieb mithilfe einer anderen Handlung zu befriedigen. Nehmen wir an, Person B hat ein überhöhtes Bedürfnis nach körperlicher Nähe und Zuneigung, der Partner kann dieses Bedürfnis jedoch nicht vollständig befriedigen, da er selbst kein Bedürfnis nach körperlicher Nähe verspürt. Person B kauft sich daraufhin ein Kuscheltier, das ihr eine gewisse Ersatzbefriedigung verschafft. Zwar empfindet die Gesellschaft Erwachsene, die mit einem Kuscheltier schlafen gehen, unter Umständen als merkwürdig, jedoch nicht als bedrohlich oder *amoralisch*, wobei uns die Ebene der Moral zu einer weiteren Ebene der Persönlichkeit führt:

Eine weitere Ebene ist das *Über-Ich*. Damit beschreibt Freud die Moralvorstellungen und Werte, die wir internalisiert haben. Das *Über-Ich* wird daher auch als Gebots- und Verbotsinstanz bezeichnet. Es bildet somit den exakten Gegenpart zum *Es*, denn unsere Triebe und geheimen Wünsche werden vom Über-Ich eingeordnet – wir wissen, dass es nicht mit unseren eigenen oder den gesellschaftlich akzeptierten Werten einherginge, würden wir unseren Sexualtrieb ungehemmt ausleben. Das Über-Ich kontrolliert unsere Handlungen und ist dabei stärker auf der Ebene des Bewusstseins zu verorten.

Zwischen beiden Instanzen steht das *Ich* als Vermittler. Mit dem *Ich* wird das Individuum beschrieben, also wir selbst als die Person, die wir sind und als die wir handeln. Dabei sind wir stets als *Vermittler* zwischen dem Über-Ich und dem Es zu betrachten. Wir leben teilweise unsere Triebe aus, teilweise unterdrücken wir sie, weil wir es für moralisch/normativ angebracht halten. Tonangebend ist dabei laut Freud jedoch meist das Es, weshalb sein Modell der drei Ebenen der menschlichen Psyche auch als *Eisbergmodell* beschrieben wird. Wie bei einem Eisberg auch ist zwar die Spitze sichtbar (Über-Ich/Ich – die Ebene des Bewussten), der überwiegende Teil des Eisbergs liegt jedoch unter Wasser und ist für den Beobachter unsichtbar, obgleich er den Großteil des Eisberges ausmacht (Es – Ebene des Unbewussten). Unser Ich wird dann als gesund beschrieben, wenn es die Synthese aus Über-Ich und Es „managen" kann, wenn unsere Triebe, Ängste und Sehnsüchte also in einem ausgewogenen Verhältnis zu unseren Moralvorstellungen stehen und wir weder Triebe in großem Maße unterdrücken noch moralische Ideale erfüllen müssen, denen wir nicht gewachsen sind (Freud, 1923/2013). Zwar sind

Freuds Thesen heutzutage in der psychologischen Forschung umstritten, es besteht jedoch kein Zweifel daran, dass das Unterbewusstsein im Menschen eine wichtige Rolle spielt.

Das Unbewusste im Alltag

Unbewusstes Handeln begegnet uns in unserem Alltag ständig. Stellen Sie sich vor, Sie sitzen in einem langweiligen Meeting auf der Arbeit und gähnen. Ihr Kollege fragt Sie, ob Sie müde sind oder nicht gut geschlafen haben. Im ersten Moment haben Sie keine Ahnung, warum er das fragt, da Ihnen das Gähnen aus Langeweile nicht bewusst war – die Handlung lief unbewusst ab. Nicht alle unsere Handlungen basieren also auf einer freien Entscheidung. Eine mögliche Definition des Unbewussten lautet wie folgt:

> „Die kognitiven und motorischen Handlungen, die nicht auf der Ebene des Bewusstseins stattfinden und nicht bewusst gesteuert werden. Auf dieser Ebene werden verdrängte Erlebnisse oder unterdrückte Triebe verortet" (Damásio, 2000).

Unsere Wahrnehmung wird also stark vom Unbewussten geleitet und auch unsere Handlungen und Entscheidungen finden oftmals unbewusst statt. Wir sind in der Lage, Situationen intuitiv zu erfassen und diese unbewusst mit einer Vielzahl von Erinnerungen, Eindrücken und Vorwissen abzugleichen. Wir erfassen also intuitiv, ob es Parallelen zu der Situation gibt, in der wir uns gerade befinden. Anders könnten wir unseren Alltag unmöglich bewältigen.

Beispiel: Stellen Sie sich vor, Sie müssten auf dem Weg zur Arbeit jeden Tag aufs Neue bewusst jeden einzelnen Schritt durchdenken und bewerten. Dies sähe in etwa so aus: Sie gehen aus dem Haus und sind dabei sehr wachsam, denn Sie wissen schließlich nicht, ob in der Straße nicht irgendwo eine Gefahr lauert, Sie müssen jeden Schritt bewusst wahrnehmen, um sich sicher zu fühlen. Schließlich kommen Sie am Bahnhof an. Hier müssen Sie die Situation erneut bewerten: Es steht eine Vielzahl an fremden Menschen am Bahnsteig. Sie wissen nicht, was diese Menschen für Absichten haben und ob Sie sich bedenkenlos neben sie stellen können. Auch die Position auf dem Bahnsteig müssen Sie evaluieren – ist es besser weiter vorne oder weiter hinten zu stehen etc.

Sie sehen, dass es im Alltag unmöglich ist, jeden Schritt *bewusst* zu vollziehen. Unterbewusst wissen Sie natürlich, dass der Weg von Ihrer Wohnung zum Bahnhof nicht gefährlich ist, weil Sie ihn bereits hunderte Male gelaufen und nie in eine unangenehme Situation geraten sind. Auch wissen Sie, dass die anderen Menschen am Bahnhof keinerlei Gefahr für Sie darstellen, dass diese Sie wahrscheinlich nicht einmal wahrnehmen, weil sie auch bloß dort stehen, um auf den Zug zu warten. Sie wissen auch, dass Sie am besten nicht direkt am Bahnsteig stehen sollten, sondern zwei Meter weiter hinten und so weiter. All diese Prozesse laufen unterbewusst ab, Sie denken nicht darüber nach, sondern Sie machen einfach das, was Sie jeden Morgen tun, und lassen dabei unterbewusst Ihre Erinnerungen und Erfahrungen mit der Situation ablaufen. Die Handlung ist derart im Unterbewusstsein verankert, dass wir sie ausführen können, ohne über sie nachzudenken. Weitere Beispiele können in beachtlicher Zahl genannt werden, angefangen beim Zähneputzen (wir müssen nicht jedes Mal bewusst darüber nachdenken, wie wir die Zahnbürste halten und bewegen sollen) bis hin zum Autoverkehr (wenn wir eine rote Ampel sehen, bremsen wir automatisch, ohne uns zuvor an die genaue Regel aus der StVO (Straßenverkehrsordnung) erinnern zu müssen (Assmann, 1988).

Machen Sie sich als ersten Schritt zur Reflexion Ihres Handelns die unbewussten Vorgänge bewusst und reflektieren Sie, welcher Antrieb / welche Motivation hinter Ihren Handlungen steckt. Das Konzept, Gedanken entweder im Bewusstsein zu halten oder aus dem Unterbewussten ins Bewusste zu transferieren, kann mit dem Begriff der *willkürlichen Aufmerksamkeit* beschrieben werden. Sie sind in der Lage, Ihre Gedanken gezielt auf etwas zu lenken, das eigentlich in Ihrem Unterbewusstsein schlummert. Nehmen wir ein klassisches Beispiel: Wenn Sie Schluckauf hatten, hat Ihnen mit Sicherheit schon einmal jemand gesagt, Sie sollten versuchen, sich zu erinnern, was Sie am Tag zuvor zu Mittag gegessen haben. Die Konzentration auf diese Frage solle den Schluckauf angeblich unterdrücken. Ob dies tatsächlich funktioniert, wie in der berühmten Lesungsszene in Loriots genialem Film „Papa ante Portas", sei dahingestellt, das Entscheidende ist, dass wir in der Lage sind, uns relativ schnell daran zu erinnern, dass wir beispielsweise einen grünen Salat gegessen haben, auch wenn wir in unserem Alltag nicht ständig an grünen Salat denken. Wir haben also sehr wohl bei Bedarf Zugriff auf weite Teile unseres Unterbewusstseins. Diese Fragen können Ihnen dabei helfen, unterbewusste Erinnerungen zu aktivieren:

Hilfreiche Fragen:

- War ich schon einmal in einer vergleichbaren Situation und wenn ja, wie habe ich gehandelt?

Beispiel: Sie bekommen zusätzlich zu Ihren aktuellen Projekten noch weitere Aufgaben von Ihrem Vorgesetzten aufgetischt. Sie reagieren gestresst, unterbewusst werden Sie nervös und unruhig. Doch vielleicht haben Sie eine ähnliche Druck-Situation auf der Arbeit bereits erlebt und erfolgreich gemeistert. Erinnern Sie sich also daran, was Sie damals gemacht haben und wie Sie mit der Situation umgegangen sind.

- **Was verbinde ich mit diesem Ort / dieser Person / dieser Situation?**

Beispiel: In Anwesenheit eines Kollegen fühlen Sie sich unwohl. Woran könnte das liegen? Eventuell liegt es an seinem Parfüm: dasselbe, das Ihr Onkel immer getragen hat, um seine Alkoholfahne zu verdecken. Auch in manchen Situationen fühlen wir uns unwohl, zum Beispiel streiten Sie sich in der Küche mit Ihrer Partnerin, was Ihnen enorm zusetzt. Sie erinnern sich, dass Ihre Eltern sich immer in der Küche gestritten haben, bevor sie sich schließlich scheiden ließen.

- **An wen oder was erinnert mich diese Person / diese Situation?**

Beispiel: Der Kollege, in dessen Anwesenheit Sie sich unwohl fühlen, erinnert Sie unter Umständen an einen ehemaligen Mitschüler, der Sie immer gehänselt hat, und negative Assoziationen tauchen auf.

- **Warum fühle ich mich gerade so, wie ich mich fühle? Was löst das Gefühl aus?**

Beispiel: Sie empfinden Unbehagen oder auch Glück/Zufriedenheit in einer bestimmten Situation: Fragen Sie sich, woher diese Empfindung stammt. Können Sie Erinnerungen abrufen oder sind Ihre Gedanken vielleicht eher bei Ihrer Zukunft? Zum Beispiel kommen Sie beschwingt und selbstsicher auf die Arbeit, wenn Sie wissen, dass Sie das große Projekt der letzten Wochen heute abschließen werden. Machen Sie sich die Ursache Ihrer Gefühle bewusst!

- **Wie sollte ich mich fühlen / wie sollte ich reagieren und warum?**

Beispiel: Sie werden von einer Kollegin angesprochen, die Sie schon immer attraktiv fanden, und können Ihre Gefühle in diesem Moment nicht ordnen. Unterbewusst wissen Sie aber, wie man sich einer Frau gegenüber in solchen Situationen verhält, weil Sie schon einige Dates gehabt haben, außerdem geben Ihnen Ihre eigenen sowie die gesellschaftlichen Moralvorstellungen einen Rahmen vor, wie Sie angemessen reagieren.

- **Was erwarte ich, was in dieser Situation / an diesem Ort passiert?**

Beispiel: Sie betreten ein Flugzeug und fühlen sich unwohl, auch wenn Sie wissen, dass Flugzeuge überaus sichere Verkehrsmittel sind. Sie gehen in sich und fragen sich, was Sie in diesem Moment an diesem Ort erwarten. Unterbewusst denken Sie vielleicht an den Worst Case oder an den letzten Film, den Sie gesehen haben, in dem es um ein Flugzeugunglück ging. Sie erwarten also das Schlimmste und fühlen sich deshalb unwohler, als wenn Sie den Normalfall, nämlich einen ruhigen und sicheren Flug, erwarten würden.

Die Ich-Zustände

Anknüpfend an die Theorie von Freud kann auch das „Ich" verschiedene Formen annehmen. Die Transaktionsanalyse unterscheidet zwischen drei *Ich-Zuständen*:

- dem Eltern-Ich,
- dem Erwachsenen-Ich und
- dem Kind-Ich.

Ich-Zustände werden dabei als Arten des Denkens, Fühlens und Handelns beschrieben, das heißt, unsere Interaktionsweise verändert sich, je nachdem, in welchem Ich-Zustand wir anderen gegenübertreten.

Eltern-Ich

Das *Eltern-Ich* beschreibt die Verhaltens- und Denkmuster, die wir von unseren Eltern erlernt haben. Es geht also nicht darum, dass unsere Eltern uns das Fahrradfahren oder das Schuhebinden beigebracht haben, sondern um deren Werte und Einstellungen, die sie uns vermittelt haben. Diese Vermittlung kann sowohl bewusst als auch unbewusst erfolgen.

Eine bewusste Handlung der Eltern wäre zum Beispiel, dem Kind beizubringen, dass es nicht lügen darf. Dahinter steckt ein vermittelter Wert, nämlich die große Bedeutung von *Ehrlichkeit*. Das Kind lernt, dass es nicht lügen darf, weil es wichtig ist, ehrlich zu seinen Mitmenschen zu sein. Wird diese Botschaft immer und immer wieder von den Eltern transportiert, wird sie vom Kind *internalisiert* und später vermutlich auch von der erwachsenen Person weiterhin umgesetzt. Unbewusst kann ein Kind aber auch durch Beobachtung der Eltern oder durch das reine Miterleben von deren Interaktion gewisse Werte und Einstellungen übernehmen.

Beispiel: So übernehmen Kinder häufig Vorurteile, wenn diese von den Eltern vorgelebt werden. Es ist nicht zwingend notwendig, dass der Vater dem Kind direkt sagt, dass es sich ablehnend gegenüber Migranten verhalten soll. Wenn das Kind oft genug hört und mitbekommt, wie der Vater über „die Ausländer" schimpft, wird es diese Haltung zunächst ebenfalls annehmen (später kann diese Haltung durch eigene positive Erfahrungen selbstredend korrigiert werden).

Auch Einstellungen zu Macht und Ausübung von Autorität werden durch das Elternhaus vermittelt. Die Transaktionsanalyse unterscheidet zwei Ausprägungen des Eltern-Ichs:

- das fürsorgliche und
- das kritische Eltern-Ich.

Der fürsorgliche Teil des Eltern-Ichs motiviert („Du kannst das ganz alleine schaffen"), spendet Trost, lobt und ermutigt, so wie liebende Eltern es bei ihren Kindern oftmals tun. Die Eltern ermutigen die Kinder etwas auszuprobieren, sie loben das Kind, wenn es sich selbst die Schuhe bindet, wenn es ohne Stützräder Fahrrad fährt oder wenn es ein besonders schönes Bild gemalt hat. Wenn das Kind traurig oder ängstlich ist, nehmen die Eltern es in den Arm und verhalten sich fürsorglich. Andererseits können Eltern aber auch tadeln, zum Beispiel, wenn das Kind laut ist oder etwas aus Unachtsamkeit kaputt macht. Dann tritt das kritische oder auch tadelnde Eltern-Ich zum Vorschein. Dieses ist eng verknüpft mit Geboten, Verboten und Regeln, die ein Elternteil seinem Kind setzt: „Beim Essen wird nicht geschmatzt" / „Wenn Du nach Hause kommst, musst Du Dir zuerst die Hände waschen" / „Um sechs Uhr abends bist Du wieder zu Hause, verstanden?" etc.

In unserer alltäglichen Kommunikation können wir in der Haltung des Eltern-Ichs nicht nur mit Kindern kommunizieren, sondern auch in der Kommunikation mit anderen Erwachsenen können sich Anteile des Eltern-Ichs bemerkbar machen.

Beispiel: Stellen wir uns einen Vorgesetzten vor, der mit seinem Angestellten spricht. Er kann loben, „Das haben Sie sehr gut gemacht", oder auch tadeln: „Ich habe Sie doch gebeten, diese wichtige E-Mail schnell zu beantworten." Dabei ist der lobende Chef kaum anders als der lobende Vater – die Botschaft „Toll, wie Du alleine Fahrrad fährst" und die Botschaft „Toll, wie Sie dieses schwierige Projekt gemanagt haben" sind kommunikativ ebenso gleich strukturiert wie die tadelnden Botschaften „Ich habe Dir doch gesagt, Du sollst Dir die Hände waschen" und „Ich habe Ihnen doch gesagt, Sie sollen die Mail beantworten".

Auch in Paarbeziehungen können derartige Konstellationen auftreten und selbst auf einer politischen, öffentlichen Ebene werden Botschaften in der Haltung des Eltern-Ichs gesendet. Nehmen wir etwa die Covid-19-Pandemie, in der seitens der Politik strenge Auflagen beschlossen wurden, an die die Bürger sich zu halten hatten. Der Appell lautete „Toll, dass Du Deine Kontakte reduzierst und uns damit bei der Pandemiebekämpfung hilfst" oder wahlweise auch „Ich habe Dir doch gesagt, Du sollst einen Mund-Nasen-Schutz aufsetzen, wenn Du mit der S-Bahn fährst". Wir haben hier sowohl den *fürsorglichen* Aspekt (Prävention, Schutz der Gesundheit) als auch den *kritisch-tadelnden* Aspekt („Du musst Dich an unsere Regeln halten, anderenfalls werden Sanktionen verhängt") erleben können.

Erwachsenen-Ich

Das Erwachsenen-Ich kommt dem *Ich* nach Sigmund Freud am nächsten. Die Transaktionsanalyse geht davon aus, dass das Erwachsenen-Ich unsere organisierte Wahrnehmung von Realität darstellt. Wir selbst haben diese Erkenntnisse durch die Reflexion unserer eigenen Erfahrungen erworben, das heißt durch kritisches Denken und Erleben. In der Fachliteratur wird bisweilen vom Erwachsenen-Ich als „authentische[r] Dimension unseres Seins“ (Konnerth, 2010) gesprochen.

Im Zustand unseres Erwachsenen-Ichs sind wir also in der Lage, Situationen weitestgehend sachlich und objektiv zu betrachten, wir handeln innerhalb realistischer Dimensionen und kommunizieren mit unserem Gegenüber auf Augenhöhe. Im Gegensatz zum Eltern-Ich nehmen wir also keine lobende oder tadelnde Haltung gegenüber den anderen ein, sondern beurteilen deren Verhalten nach rationalen Maßstäben und kommunizieren anschließend mit ihnen von Erwachsenen zu Erwachsenen – wir sehen unser Gegenüber auf Augenhöhe („Ich bin okay, Du bist okay“).

Anders ausgedrückt könnte man sagen, dass das Erwachsenen-Ich der Zustand ist, in dem wir am stärksten von der *Vernunft*, der Rationalität beherrscht werden. Wir gehen (selbst)kritisch durch den Alltag und sind jederzeit in der Lage, reflektiert zu denken und zu handeln. Im Idealfall begegnen sich zwei erwachsene Menschen jeweils in der Haltung des Erwachsenen-Ichs, um miteinander zu sprechen oder Konflikte aufzulösen. Stellen Sie sich zum Beispiel ein Ehepaar vor, das sich wegen einer Uneinigkeit streitet. Wenn einer der beiden Partner als „Eltern-Ich“ auftritt, wird die Gesprächsatmosphäre wesentlich angespannter sein, als wenn beide Partner sich mit dem Erwachsenen-Ich begegnen.

Kind-Ich

Beim Kind-Ich dominieren, anders als beim Erwachsenen-Ich, die Emotionen und Impulse, so wie bei einem kleinen Kind, das ebenfalls nicht in der Lage ist, seine Entscheidungen rational zu begründen. Ein Kind folgt seiner Fantasie und seinen spontanen Eingebungen, lebt also aus Sicht der Erwachsenen eher in einem Zustand von Irrationalität. Unabhängig von unserem Alter lebt das Kind, das wir einmal waren, in uns zu einem gewissen Prozentsatz weiter, sodass jeder erwachsene Mensch Anteile des Kind-Ichs in sich trägt.

In der Transaktionsanalyse werden drei verschiedene Zustände des Kind-Ichs unterschieden:

- der erste mögliche Zustand ist der natürlich-verspielte,
- der zweite Zustand ist der angepasst-ängstliche und
- der dritte der rebellisch-zornige.

Vor allem, wenn Sie selbst Kinder haben, werden Sie diese verschiedenen Zustände Ihres Kindes gut kennen. Kinder können ihre Impulse, Freud würde sagen ihre Triebe, noch nicht in dem Maße kontrollieren wie Erwachsene.

Beispiel: Ein erwachsener Mann mit einem ausgeprägten Spieltrieb wird diesen Trieb auf der Arbeit zu unterdrücken wissen und nicht plötzlich mit einem Hüpfsack oder einem Fußball durch das Büro laufen und seine Kollegen zum Mitspielen auffordern, wohingegen ein Kind mit Bewegungsdrang und Spieltrieb den nächsten Erwachsenen aufsucht und ihn auffordert, mit ihm zu spielen, ohne dabei zu bedenken, dass die Situation unter Umständen ungünstig für den Erwachsenen sein könnte.

Das Kind-Ich ist also eine impulsive Ausdrucksform der Persönlichkeit. Der natürlich-verspielte Zustand kann dabei als ein Zustand der Gelassenheit, aber auch der Sorglosigkeit verstanden werden. Wir benehmen uns albern, machen „kindische" Späße oder treiben Unfug mit unseren Freunden. Diese Kommunikation ist in der Regel harmlos und kann kontextbezogen entweder als lustig oder auch als infantil gesehen werden.

Der angepasst-ängstliche Zustand kann bereits problematisch werden, wenn wir etwa in einem Dialog auf eine Person treffen, die uns mit der Haltung des tadelnden Eltern-Ichs begegnet.

Beispiel: Nehmen wir an, der Vorgesetzte tritt als tadelndes Eltern-Ich auf: „Ich habe Ihnen doch gesagt, dass Sie die E-Mail beantworten sollen." Wenn Sie im Zustand des Erwachsenen-Ichs antworten, würden Sie eine rationale Begründung liefern wie „Sie haben recht, doch ich habe auf eine wichtige Information einer anderen Abteilung gewartet. Ohne diese konnte ich dem Kunden keine Antwort-Mail schreiben" oder sich „erwachsen" entschuldigen: „Sie haben recht, ich habe es vergessen. Es war mein Fehler und es tut mir leid, ich werde es umgehend erledigen." Das Kind-Ich ist im angepasst-ängstlichen Zustand jedoch nicht in der Lage zu einer solchen Reaktion. Es wird jeden Widerspruch vermeiden und auch nicht versuchen, eine rationale Erklärung zu liefern, da es vom Tadel des Vorgesetzten emotional erschüttert ist: „Es tut mir leid, ich weiß gar nicht, was ich sagen soll, bitte entschuldigen Sie ..." Problematisch ist die Haltung, die dem ängstlichen Kind-Ich innewohnt; nämlich: „Du bist okay – ich bin nicht okay."

Das genaue Gegenteil dieser Haltung bildet das rebellisch-zornige Kind-Ich. Wie ein wütendes Kind wird mit Trotz reagiert, in unserem Beispiel also: „Ja, Sie haben mir ja aber nicht alle Infos gegeben, ich musste bei der anderen Abteilung nachfragen. Wenn Sie mir die gegeben hätten, hätte ich die Mail schon längst beantwortet, aber hier muss man ja alles selbst machen." Sie merken bereits, dass diese Haltung gegenüber einem Vorgesetzten ebenfalls wenig produktiv ist, sogar als unprofessionell bezeichnet werden kann. Die Grundhaltung ist hier „Ich bin okay – Du bist nicht okay", denn das trotzige Kind lässt keinerlei Kritik zu, schuld sind die anderen.

Unbewusste Ich-Zustände

Wenn wir im Alltag kommunizieren, ist uns der Ich-Zustand, in dem wir uns befinden, meistens nicht bewusst. Wir wählen nicht aktiv aus (ansonsten würden wir sehr wahrscheinlich immer das Erwachsenen-Ich wählen), sondern wir reagieren aus einem Impuls heraus auf den jeweiligen Kontext, also auf die Situation und den Gesprächspartner. In Paartherapien kann zum Beispiel festgestellt werden, dass in den Konfliktgesprächen der eine Partner jahrelang aus der Perspektive des Eltern-Ichs, der andere aus Perspektive eines rebellischen Kind-Ichs gesprochen hat und daher festgefahrene Konflikte entstanden. Jemand, der in der Partnerschaft eine Eltern-Ich-Haltung verinnerlicht hat, kann auf der anderen Seite im beruflichen Kontext sehr wohl im Zustand des Erwachsenen-Ich agieren, es gibt keine Festlegung eines Ist-Zustandes auf eine Person, entscheidend ist der Kontext und die soziale Rolle. So können wir uns nur schwer einen Lehrer vorstellen, der mit seinen Schülern aus einem Kind-Ich-Zustand heraus interagiert.

Für die Analyse Ihrer Kommunikation ist entscheidend, dass Sie die verschiedenen Ich-Zustände kennen und in der Lage sind, diese zu *reflektieren*. Wenn Sie wissen, aus welchem Zustand heraus Sie argumentieren, können Sie gezielt gegensteuern und so das Aufkommen von kommunikativen Konflikten verhindern. Im weiteren Verlauf dieses Kapitels werden wir noch darauf eingehen, wie Sie sich der verschiedenen Ich-Zustände bewusst werden können und wie Sie mit der entsprechenden Erkenntnis umgehen können.

Überlagerungen der Ich-Zustände

Ich-Zustände können sich in Dialogen überlagern – man spricht auch von *gekreuzten Transaktionen*. Diese gekreuzten Transaktionen führen zum Konflikt, denn wenn beide Dialogpartner aus demselben Ich-Zustand heraus agieren, erfolgt die Kommunikation auf Augenhöhe. In diesem Fall spricht man auch von *komplementären Transaktionen*.

Komplementäre Transaktionen

A: „Ich möchte Sie bitten, bis Ende dieser Woche ein Projektportfolio zu erstellen. Ich sende Ihnen gleich eine E-Mail des Kunden mit dessen Wünschen. Können Sie diese Aufgabe übernehmen?"
B: „Ja, das ist kein Problem. Schicken Sie mir die E-Mail, dann können wir offene Fragen klären und ich mache mich danach an die Arbeit."

In diesem Fall kommunizieren zwei Erwachsenen-Ichs miteinander. Es gibt keinerlei Missverständnisse, keine Konflikte oder sonstige Probleme. Eine komplementäre Kommunikation ist aber auch gegeben, wenn zwei verschiedene Ich-Zustände aufeinandertreffen und sich beide Dialogpartner aber über ihre Rolle im Klaren und einig sind – etwa, wenn die Mutter im Zustand des Eltern-Ichs mit ihrem Kind im Zustand des Kind-Ichs spricht:

Mutter: „Räum dein Zimmer auf, es ist schon wieder unordentlich."
Kind: „Mama, ich möchte aber rausgehen und Fußball spielen."
Mutter: „Das kannst Du gerne tun, aber erst räumst Du Dein Zimmer auf."

Hier wird zwar auf der einen Seite ein Konflikt verhandelt, bei dem beide Parteien unterschiedliche Wünsche haben, die Positionen sind aber derart klar verteilt, dass es zu keinem Rollenkonflikt kommen kann. Dem Kind ist klar, dass die Mutter das letzte Wort hat, und wird sich (wenn auch widerwillig) der Mutter beugen und das Zimmer aufräumen, weil es anschließend Fußball spielen möchte. Die Mutter weiß, dass sie das Kind unter Umständen nervt, ihr ist aber ebenso bewusst, dass sie die Verantwortung für die Erziehung des Kindes trägt und somit durchgreifen muss, um dem Kind den Wert von Ordnung zu vermitteln.

Gekreuzte Transaktionen

Die konfliktreichere Variante besteht aus der Art von Transaktion, bei der ein Ich-Zustand mit einem anderen Ich-Zustand kommuniziert. Stellen wir uns zwei Partner vor, er ist unter der Woche spät nach Hause gekommen und hat sie nicht informiert. Sie ist daraufhin wütend.

Sie: „Was denkst Du Dir eigentlich dabei, einfach so lange wegzubleiben, ohne mir Bescheid zu sagen?"
Er: „Und was denkst Du Dir dabei, so mit mir zu reden? Glaubst Du, Du kannst mir Vorschriften machen?"

In dem Fall spricht sie aus dem Zustand des tadelnden Eltern-Ichs und spricht das Kind-Ich im Partner an. Er reagiert jedoch ebenfalls im Duktus, also in der charakteristischen Art des Eltern-Ichs, und spricht wiederum das Kind-Ich der Partnerin an. Somit treffen zwei Fronten aufeinander, da jeder im anderen einen Ich-Zustand anspricht, aus dem heraus der andere aber nicht agieren möchte. Es entsteht ein „Machtspiel" – wer bestimmt über wen? Kann die Frau bestimmen, wann er nach Hause zu kommen hat, oder kann der Mann tun und lassen, was er will, und ist dabei niemandem Rechenschaft schuldig?

Gekreuzte Transaktionen können auch in folgender Situation auftreten:

A: „Wir könnten doch dieses Jahr Urlaub in Griechenland machen."
B: „Immer willst Du bestimmen, wo wir Urlaub machen!"

Hier spricht das Erwachsenen-Ich von A mit dem Erwachsenen-Ich von B, denn es geht A um eine rationale Handlung, nämlich die Urlaubsplanung. Dabei betrachtet A beide Partner auf Augenhöhe, denn er unterbreitet einen Vorschlag, der ergebnisoffen zur Disposition gestellt wird. Es antwortet aber ein rebellisches Kind-Ich, das sich bevormundet fühlt und sich nichts sagen lassen will. Die Antwort ist völlig irrational, denn es ist klar erkennbar, dass A eine offene Frage gestellt hat, B möchte A jedoch bewusst missverstehen, um die entsprechende Trotzreaktion folgen lassen zu können. Solche Kommunikationen gestalten sich selten flüssig, sondern werden unterbrochen und wechseln schnell auf die Konfliktebene. Wenn A zum Beispiel entnervt antwortet, „Ich schreibe Dir überhaupt nichts vor, ich habe nur eine Frage gestellt", und B wiederum erwidert, „Dann lass mich doch das nächste Mal den Vorschlag machen, wie wäre es damit ...?", ist im Nu das Potenzial für eine konfliktfreie Unterhaltung auf Augenhöhe so gut wie erloschen.

Verdeckte Transaktionen

Oftmals spielt die sogenannte verdeckte Transaktion eine Rolle. Die Ich-Zustände werden auf den ersten Blick nicht deutlich, sondern wirken *verdeckt*. Ein Beispiel verdeutlicht diese These. Ein Paar (A und B) gehen gemeinsam Essen und wählen ein Restaurant mit einem Buffet aus.

A: „Du gehst bereits das vierte Mal zum Buffet."
B: „Nein, Du hast Dich verzählt."

Wenn man den Dialog nüchtern und ohne Kontext betrachtet, würde man davon ausgehen, dass hier ein Erwachsenen-Ich mit einem Erwachsenen-Ich kommuniziert. Die Feststellung, dass jemand viermal zum Buffet geht, klingt zunächst rein mathematisch, die Erwiderung, A habe sich verzählt, lässt sich ebenfalls mathematisch belegen oder widerlegen; doch beiden geht es in dieser Kommunikation nicht um das korrekte Zählen, sondern der Kontext, die Betonung der Worte und zuletzt die Körpersprache bieten Anhaltspunkte zur Interpretation des Dialogs.

Wenn A die Aussage „Du gehst bereits das vierte Mal" in einem missbilligenden Tonfall sagt, schwingt implizit (verdeckt) die Ermahnung des tadelnden Eltern-Ichs an das Kind-Ich im Partner mit: „Iss nicht so viel." B antwortet nun ebenfalls in einem trotzigen Tonfall, das Kind-Ich, das sich nicht für die Menge an Essen oder Buffetgängen tadeln lassen will, reagiert.

In der Praxis wissen wir in der Regel, wie wir Aussagen unseres Gegenübers zu deuten haben, und sind in der Lage, verdeckte Transaktionen zu erkennen. Mimik, Gestik und der Tonfall sind dabei entscheidende Indikatoren (Molcho, 2002). Der berühmte Satz „Der Ton macht die Musik" gilt hier ganz besonders, denn es ist in unserem Beispiel ein bedeutender Unterschied, wie der Satz von A vorgetragen wird. Mit einem freundlichen Lächeln oder einem leichten Grinsen und einem sanften Tonfall kann die Aussage auch bedeuten: „Schön, dass es Dir schmeckt, lass es Dir heute Abend gut gehen." Mit einem leicht schneidenden Tonfall, einem missbilligenden Blick oder verschränkten Armen wird die Aussage eher als Tadel zu verstehen sein. Wenn derartige Signale nicht oder falsch verstanden werden, kann es zu Missverständnissen und Konflikten kommen. Der Kommunikationswissenschaftler Friedemann Schulz von Thun (* 1944) entwickelte zur Darstellung derartiger verdeckter Transaktionen sein berühmtes Modell, das *Kommunikationsquadrat*.

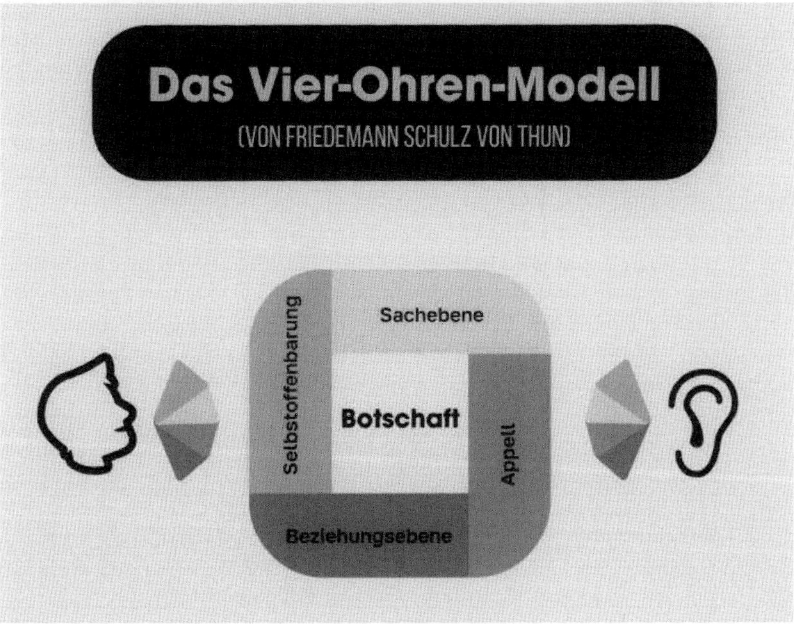

Die Idee des Kommunikationsquadrats, gelegentlich auch „Vier-Seiten-Modell", fußt auf der Grundannahme, dass jede verbale Äußerung auf vier Ebenen interpretiert werden kann:

1. **Die Sachebene:** Auf der Sachebene werden Fakten und Inhalte genannt. Der Sprechende informiert sein Gegenüber über die Inhalte, also beispielsweise: „Gestern war ich auf einer Geburtstagsfeier." / „Es hat heute Morgen stark geregnet." / „Es ist 10:53 Uhr."

2. **Die Selbstoffenbarung:** Eine verbale Äußerung kann Rückschlüsse auf den Sprecher zulassen. Bei der Aussage „Es hat heute Morgen stark geregnet" gibt es noch keinerlei Rückschlussmöglichkeiten, wenn derjenige aber stattdessen sagt, „So ein Mist, es hat heute geregnet", wissen wir zumindest, dass derjenige keinen Regen mag. Die Selbstoffenbarung erfolgt dabei meist implizit: Nehmen wir an, ein Paar sitzt spätabends auf einer Parkbank, die Sonne geht langsam unter und der Park ist schwach beleuchtet. Sie sagt: „Oh, ganz schön dunkel." In diesem Satz steckt implizit eine Selbstoffenbarung, nämlich: „Ich finde es unangenehm / Ich habe Angst, weil es so dunkel ist." Ohne diese Offenbarungsebene würde der Sprechakt keinen Sinn ergeben, denn der andere hat schließlich ebenfalls mitbekommen, dass es dunkel ist. Auf der Ebene der Selbstoffenbarung spielen wiederum Mimik, Gestik und Körpersprache eine entscheidende Rolle für die Interpretation des Gesagten.

3. **Die Beziehungsebene:** Auf der Beziehungsebene wird das Verhältnis von Sender (Sprecher) und Empfänger berücksichtigt. Wie stehen die beiden zueinander? Gibt es zum Beispiel ein *Machtgefälle* in der Kommunikation (Abteilungsleiter zu Praktikant / Lehrer zu Schüler) oder begegnen sich beide Gesprächspartner auf Augenhöhe? Des Weiteren können persönliche Konflikte und Sympathien sowie Antipathien eine Rolle spielen. Wenn das Verhältnis der beiden Gesprächspartner ohnehin angespannt ist, also zum Beispiel eine persönliche Konfliktebene die Kommunikation belastet, kann sich dieser Umstand auch auf die anderen Ebenen beziehungsweise auf den Ich-Zustand auswirken. Wenn eine Person, die ich nicht leiden kann, zum Beispiel als Eltern-Ich auftritt, neige ich eher dazu, als rebellisches Kind-Ich zu reagieren, da ich die Autorität der Person infrage stelle und mich ungern von jemandem belehren lassen will, den ich in seinem Auftreten nicht als Respektperson wahrnehme, als wenn der Tadel von einer Person kommt, die ich grundsätzlich schätze und deren Meinung ich dementsprechend als gewichtig und konstruktiv erachte. Sie kennen das Phänomen mit Sicherheit noch aus der Schule: Einem Lehrer, den Sie grundsätzlich schätzen und für fachlich kompetent halten („Der kann mir etwas beibringen"), gestehen Sie als Schüler eher zu, dass er Sie kritisiert oder sanktioniert (Nachsitzen, Extra-Aufgaben etc.), als einem Lehrer, der Ihnen das Gefühl vermittelt, seine fehlende Autorität und Kompetenz mit besonderer Strenge kaschieren zu wollen.

4. **Appellebene:** Viele Sprechakte beinhalten einen Appell, also eine (indirekte) Aufforderung an das Gegenüber, etwas zu tun oder zu lassen: „Die Musik ist zu laut" ist zum Beispiel eine Aufforderung, die Musik leiser zu drehen, „Dein Zimmer sieht aus wie ein Saustall" ist eine Aufforderung der Mutter an

das Kind, endlich das Zimmer aufzuräumen. Viele Sprechakte beinhalten Appelle, je impliziter diese formuliert sind, desto schwieriger sind sie jedoch zu verstehen. Nehmen wir an, besagtes Paar sitzt auf der Couch, sie sagt: „Mir ist kalt." Der Appell lautet also vermutlich: „Hol mir eine Decke." Wenn der Appell jedoch nicht verstanden wird, antwortet er unter Umständen bloß: „Ich finde es angenehm so." Es kommt also insbesondere bei der Appellebene sehr stark auf beide Kommunikationspartner an. A muss sich möglichst deutlich ausdrücken und B muss möglichst genau hinhören.

Die Ebenen des Kommunikationsquadrats helfen uns, einen kommunikativen Ablauf in seiner Gesamtheit zu verstehen und zu analysieren (Thun, 1981).

Biografie Friedemann Schulz von Thun:
Friedemann Schulz von Thun (* 1944 in Soltau) ist ein deutscher Kommunikationspsychologe, der insbesondere durch seine Theorien zu den Schwierigkeiten und Herausforderungen zwischenmenschlicher Kommunikation einem breiteren Publikum bekannt wurde.

Von 1967 bis 1971 studierte er in Hamburg Psychologie, Philosophie und Pädagogik und legte 1973 seine Dissertation zum Thema „Verständlichkeit bei Wissens- und Informationsvermittlung" vor. 1975 wurde er zum Professor an der Universität Hamburg ernannt.

Zur gleichen Zeit hielt Schulz von Thun Trainingskurse für Führungskräfte und Lehrkräfte in Unternehmen ab, welche die Teilnehmer insbesondere in der Herstellung einer positiven Gruppendynamik und in der Anleitung kommunikativer Prozesse trainieren sollten. 1981 veröffentlichte er das Buch *„Miteinander reden. Störungen und Klärungen"*, das bis heute als sein Hauptwerk gilt und dem das Modell des Kommunikationsquadrats entnommen ist.

Schulz von Thun lebt in Hamburg, ist zum zweiten Mal verheiratet und hat zwei erwachsene Kinder.

Aufgabe: Sich der Ich-Zustände bewusst werden

Wie so häufig ist die Erkenntnis der erste Weg zur Besserung. Ihre erste Aufgabe auf dem Weg zur Analyse und Verbesserung Ihrer Kommunikation ist also die Reflexion der Ich-Zustände. In welchem Ich-Zustand befinde ich mich augenblicklich und in welchem befindet sich der andere? Welchen Ich-Zustand adressiere ich beim anderen und welchen Ich-Zustand adressiert er in mir? Achten Sie in Ihrem Alltag bewusst auf Ihr Kommunikationsverhalten:

- Versuchen Sie, die verschiedenen Ich-Zustände zu **erkennen**. Meist nehmen wir die Haltung unbewusst innerhalb eines Gesprächs ein. Treten Sie einen Schritt zurück und überlegen Sie bewusst, in welchem Ich-Zustand Sie sich befinden und welchen Ich-Zustand Sie adressieren.
- Stellen Sie **Regelmäßigkeiten** fest. Gibt es einen Ich-Zustand, den Sie besonders häufig annehmen? In welchen Situationen tun Sie dies? Nehmen Sie zum Beispiel in Konfliktsituationen besonders häufig die Position des Eltern-Ichs oder des Kind-Ichs ein?
- Versuchen Sie gegebenenfalls, den Ich-Zustand zu **verändern**. Wir haben gelernt, dass die Kommunikation zwischen zwei Erwachsenen-Ichs am besten funktioniert. Wenn Sie also merken, dass sie in einem anderen Ich-Zustand antworten, halten Sie bewusst inne und versuchen Sie, den Ich-Zustand zu verändern. Das Erwachsenen-Ich empfiehlt sich dabei auch in Situationen, in denen Ihr Gegenüber Ihnen in einem anderen Ich-Zustand gegenübertritt. Wenn Ihr Chef beispielsweise als Eltern-Ich auftritt, Sie aber rational und ruhig im Erwachsenen-Ich antworten, kann er Ihnen wenig entgegensetzen. Sie reagieren vorbildlich und im Idealfall wird dem Gegenüber seine eigene Ich-Position sogar bewusst. Schließlich kommt man sich selbst unter Umständen albern vor, wenn man wie ein strenger Vater tadelt oder wie ein bockiges Kind Widerworte gibt, während der Gesprächspartner völlig ruhig und souverän reagiert.

Sich selbst annehmen

Wichtig bei der Reflexion unserer eigenen Kommunikation und Ich-Zustände ist, dass wir uns selbst annehmen, wie wir sind: *Ich bin okay.* Was einfach klingen mag, ist in Wahrheit oftmals komplizierter als angenommen, denn viele Menschen kämpfen ihr Leben lang mit der Akzeptanz, gerade auch der eigenen Person mit allen Schwächen und Mängeln. Für viele gilt der alte Spruch, dass wir anderen viel eher verzeihen können als uns selbst. Vergegenwärtigen Sie sich daher stets, dass Sie *grundsätzlich in Ordnung* sind, auch wenn Sie Fehler gemacht oder sich in einer Situation unklug verhalten haben, heißt es nicht, dass Sie als Mensch nicht okay sind. Versuchen Sie, diese Selbstsicherheit auszustrahlen, und begegnen Sie auch anderen Menschen mit dieser positiven Grundhaltung. Sie werden sehen, dass Sie mit einer positiven Grundeinstellung und einer optimistischen Herangehensweise an die Dinge viel mehr Positivität von anderen zurückgespielt bekommen, als wenn Sie pessimistisch und ablehnend durch den Alltag gehen. Achten Sie also auf sich und nehmen Sie sich selbst an, denn nur wenn Ihr Glas voll ist, können Sie anderen daraus einschenken!

Beispiele und Übungen

Auch die Akzeptanz und die Annahme der eigenen Person kann man üben. Dabei hat Selbstannahme nichts mit Egoismus oder gar Narzissmus zu tun; es geht nicht darum, sich *besser* als andere zu fühlen, sondern darum, sich in einem positiven Licht zu sehen, oder mit anderen Worten, es geht um die Grundhaltung: *Ich bin okay*.

Dazu gehört:

- sich selbst Fehler zu verzeihen.
- die eigenen Schwächen zu akzeptieren und an ihnen zu arbeiten.
- auf die eigenen Bedürfnisse zu achten und diesen nachzugeben.
- die eigenen Grenzen zu kennen.
- sich nicht ausnutzen zu lassen.

Es gibt im Alltag einige relativ leicht umzusetzende Tricks und Übungen, die Ihnen dabei helfen, sich selbst eher zu akzeptieren:

- **Tun Sie etwas, das Sie erfüllt:** Wenn Sie einem Freund oder Familienmitglied etwas schenken, überlegen Sie in der Regel, was Sie der Person Gutes tun könnten. Dieselbe Überlegung sollten Sie auch bei sich selbst anstellen: Was erfüllt mich, was tut mir gut? Erfüllen Sie sich diese Wünsche so gut es geht und soweit es (finanziell) möglich ist. Es geht dabei nicht in erster Linie darum, etwas Produktives zu tun, sondern darum, dass es Ihnen Spaß macht. Machen Sie einen Sprach- oder einen Töpferkurs oder fliegen Sie Heißluftballon, wenn das schon immer ein Wunsch von Ihnen war. Gönnen Sie sich etwas, denn Sie haben es verdient!
- **Tun Sie nichts, was Ihnen nicht guttut:** Im Umkehrschluss sollten Sie aufhören, Dinge zu tun, die Ihnen keinerlei positive Energie verleihen, sondern Sie im Gegenteil noch herunterziehen oder Ihnen Energie rauben. Oftmals bleiben wir im Alltag bei unseren Gewohnheiten, auch wenn sie uns eben nicht guttun; sei es aus Bequemlichkeit oder auch aus falschem Pflichtbewusstsein. Lassen Sie sich daher keinesfalls ausnutzen und lassen Sie sich Ihre Energie nicht von belastenden Tätigkeiten aufzehren. Ein wichtiger Schritt bei der Erlernung der Selbstannahme ist, herauszufinden, welche Handlungen schädlich für die eigene mentale Verfassung sind, und sich von diesen zu verabschieden.
- **Stellen Sie Ihre Stärken heraus:** Wir hatten im Rahmen dieses Buches bereits über positive und negative Selbstwahrnehmung und Glaubenssätze gesprochen. Dabei neigen viele Menschen dazu, sich selbst kleinzureden, eigene Erfolge zu ignorieren oder dem Zufall / den Umständen zuzuschreiben, sich eigene Fehler aber nicht zu verzeihen. Diese Haltung kann auf Dauer äußerst belastend und ungesund werden. Machen Sie sich daher bewusst, was

Sie gut können, und stellen Sie Ihre Stärken in den Vordergrund! Natürlich ist es auch wichtig, die eigenen Schwächen zu kennen und zu reflektieren, jedoch gibt es keinen Menschen, der nicht genauso viele Stärken wie Schwächen hat – seien Sie daher selbstbewusst und stark, indem Sie Ihre Stärken nicht vor sich oder anderen verbergen!

- **Akzeptieren Sie Ihren Körper:** Nicht nur die Ablehnung unserer Persönlichkeit, auch die Ablehnung des eigenen Körpers kann zu einem Problem für die psychische Gesundheit werden – Körper und Geist hängen schließlich miteinander zusammen. Im nächsten Unterkapitel werden wir uns dem Zusammenspiel von Körper und Geist noch ein wenig intensiver widmen. Wichtig ist, dass Sie sich in Ihrem Körper wohlfühlen, auch wenn er nicht perfekt ist – den perfekten Körper gibt es ohnehin nur in den sozialen Medien oder gegen die Bezahlung eines plastischen Chirurgen. Jeder Körper hat kleine Fehler, was kein Grund ist, ihn deshalb abzulehnen. Insbesondere die Körperbilder auf Instagram und Co. wirken dabei kontraproduktiv, denn sie vermitteln ein falsches Bild eines angeblich durchschnittlichen Körpers. Hören Sie daher auf, sich mit den Darstellungen auf Social Media zu vergleichen. Reduzieren Sie den Konsum dieser Medien auf ein Minimum und werten Sie diese maximal als Inspiration, keinesfalls aber als Vergleichsmaßstab.
- **Üben Sie ein tägliches Ritual ein:** Der schwerste Schritt bei der Selbstakzeptanz ist die Bewusstmachung der soeben beschriebenen Erkenntnisse. Daher empfiehlt es sich, ein tägliches Ritual einzuüben, das Ihnen Ihre Selbstannahme und Selbstakzeptanz verdeutlicht: Schreiben Sie zum Beispiel jeden Morgen drei positive Aspekte auf, die Sie an sich mögen, oder notieren Sie in einem Notizbuch eigene Erfolge und Dinge, die Sie im Laufe der letzten Tage gut gemacht haben. Nehmen Sie sich die Zeit für das Ritual, es muss nicht mehr als fünf oder zehn Minuten dauern, aber es hilft Ihnen dabei, die Selbstliebe zu internalisieren und sich so Schritt für Schritt mehr selbst anzunehmen.

Körper und Geist

Mens sana in corpore sano – *Ein gesunder Geist (wohnt) in einem gesunden Körper* wussten schon die alten Römer. Für mentale Gesundheit und Resistenz ist eine gesunde körperliche Verfassung zwingend notwendig. Versuchen Sie also, Ihre innere Mitte zu finden, um zu einer ruhigen und ausgeglichenen Haltung zu gelangen, die sich sowohl auf Ihren Geist als auch auf Ihren Körper positiv auswirkt. Meditation kann dabei ein wichtiges Instrument sein – finden Sie für sich heraus, welche Form der inneren Einkehr Ihnen hilft (vollkommene Ruhe, Tanz, Musik, Bewegung), und bauen Sie kleine Übungen hierzu in Ihren Alltag ein. In einem Zustand der inneren Balance sind Sie in der Lage, sowohl auf die Signale Ihres Körpers als auch auf jene Ihres Geistes besser zu hören und entgegenzuwirken, sollten Sie physisches oder psychisches Unwohlsein verspüren. Wenn Sie sich in einem ausgeglichenen Zustand befinden, fällt es Ihnen leichter, sich selbst und andere anzunehmen, wie sie sind – Ich bin okay, Du bist okay –, und Ihre Kommunikation wird automatisch positiver. Versuchen Sie daher stets, einen gesunden Körper und einen gesunden Geist zu bewahren!

Meditation

Die bekannteste Form der Meditation ist die *Atemmeditation*. Dabei konzentrieren Sie sich auf Ihren Atem und atmen bewusst und geführt nach dem Schema: vier Sekunden einatmen, sechs Sekunden die Luft anhalten, acht Sekunden ausatmen. Diese Atmung senkt in stressigen Situationen automatisch die Herzfrequenz und sorgt für innere Ruhe und Ausgeglichenheit. Es gibt auch weitere Atem-Schemata, etwa die Quadratatmung (jeweils vier Sekunden einatmen, Luft anhalten, ausatmen, wieder Luft anhalten). Hier können Sie für sich herausfinden, welches Atem-Schema Ihnen am besten hilft, um zu entspannen.

Ebenfalls hilfreich kann die Mantra-Meditation sein. Hierbei fokussieren Sie sich während der Entspannung auf ein bestimmtes Mantra, das positiv formuliert sein sollte: Ich bin stark / Ich bin wertvoll / Ich kann meine Ziele erreichen etc. Wenn Sie entsprechende Mantras verinnerlicht haben, werden Sie selbstbewusst und gestärkt aus der Meditation herausgehen.

Meditieren Sie mindestens einmal, besser zweimal am Tag – am besten morgens nach dem Aufstehen und abends vor dem Schlafengehen. Für den Anfang empfiehlt sich eine geführte Meditation, später, wenn Sie mehr Erfahrung haben, können Sie auch vollkommen selbstständig meditieren. Auf YouTube finden Sie eine große Anzahl geführter Meditationen – probieren Sie es also aus und Sie werden sehen, dass Sie gestärkt hervorgehen.

Die Transaktion: Austausch von Reiz und Reaktion

„Zwischen Reiz und Reaktion liegt ein Raum.
In diesem Raum liegt unsere Macht zur Wahl unserer Reaktion.
In unserer Reaktion liegen unsere Entwicklungen und unsere Freiheit".
(Viktor Frankl (1905–1997), jüdischer Psychiater und Neurologe, Überlebender des Holocaust, KZ Auschwitz)

Die entscheidende Frage, die der Transaktionsanalyse zugrunde liegt, ist die Frage nach dem Empfinden und Verhalten der Menschen in einer konkreten sozialen Situation. Warum fühlt, denkt und handelt ein Mensch so, wie er es augenblicklich tut? Um dies zu verstehen, muss die verbale und nonverbale Kommunikation in einer sozialen Situation genauestens analysiert werden. Jede Form der Kommunikation ist dabei als Transaktion zu verstehen.

Reiz-Reaktion in der Kommunikation

Aus den Neurowissenschaften kennen wir das sogenannte *Reiz-Reaktions-Schema*. Es erklärt, wie ein Reiz auf den Menschen einwirkt und daraufhin von dessen Nervensystem und schließlich vom Gehirn verarbeitet wird. Das klassische Reiz-Reaktions-Schema kennt sechs Schritte:

1. **Reizaufnahme:** Ein Sinnesorgan nimmt einen externen Reiz wahr. Dies kann ein Geruch, ein Geräusch oder zum Beispiel ein optischer Reiz sein.

2. **Reizumwandlung:** Der Reiz wird von der Nervenzelle in eine Art elektrisches Signal umgesetzt, die Nervenzelle wird so erregt.

3. **Erregungsweiterleitung 1:** Das elektrische Signal wird nun von den sensorischen Nerven an das zentrale Nervensystem weitergeleitet. Dieses sitzt im Rückenmark und im Gehirn.

4. **Verarbeitung:** Im zentralen Nervensystem findet die Verarbeitung der Erregung statt. Es erfolgt eine erste Reaktion auf den Reiz.

5. **Erregungsweiterleitung 2:** Die Nerven leiten nun die Erregung der Reaktion zu den Organen weiter, die zur Verarbeitung und Reaktion geeignet sind.

6. **Reaktion:** Schließlich erhält das Organ oder der Muskel den Befehl zur Reaktion und reagiert entsprechend der Situation, zum Beispiel mit einem Zucken, Anspannen, Verkrampfen etc.

Diese sechs Schritte laufen innerhalb kürzester Zeit ab, je nachdem, um welchen Reiz es sich handelt. So benötigt der Mensch zur Verarbeitung eines Lichtsignals (optisches Signal) etwa 180 Millisekunden, für einen akustischen

Reiz etwa 140 und für einen taktilen Reiz etwa 130 Millisekunden. Das Zusammenfallen mehrerer Reize kann den Prozess hingegen verlangsamen, muss das Gehirn zu viele Reize auf einmal verarbeiten, spricht man auch von einer Reizüberflutung. Im Normalfall kann unser System die Reize, die wir im Alltag wahrnehmen, allerdings sehr gut und rasch verarbeiten (Wenninger, 2000). Ähnlich funktioniert auch die Verarbeitung von Kommunikation in unserem Hirn. Sie nehmen einen Reiz auf, in diesem Fall eine verbale oder nonverbale Äußerung Ihres Gegenübers.

Beispiel: Sie laufen über die Straße und begegnen einem Fremden. Er schaut für einen längeren Moment in Ihre Richtung und runzelt dabei die Stirn, sein Blick verrät Skepsis. Die optische Wahrnehmung des Fremden stellt einen Reiz dar, ebenso die Verarbeitung seines Verhaltens. Über die Augen wird der Reiz aufgenommen, ans Gehirn weitergeleitet und dort verarbeitet. Schließlich erfolgt eine Reaktion, zum Beispiel, dass Sie ebenfalls die Stirn runzeln – Sie erwidern also den seltsamen Blick des anderen als Reaktion auf dessen Blicke: „Warum schaust Du mich so an? Ich finde das seltsam." Über den rein neuronalen, biologischen Prozess hinaus beginnen Sie zudem, zu überlegen: „Warum hat er mich so angeschaut? Sehe ich merkwürdig aus? Habe ich irgendetwas an mir, was andere besonders auffällig finden könnten? Habe ich vielleicht einen Fleck auf meinem Hemd oder irgendetwas im Gesicht?" Sie beziehen also als Reaktion auf den Reiz der optischen Wahrnehmung das Verhalten des Fremden auf sich selbst.

Wenn eine andere Person sich nach einem bestimmten Schema verhält, gehen Sie automatisch davon aus, dass sie uns auf der Appell-Ebene etwas mitteilen will. Sie denken nicht so weit, dass der fremde Mann vielleicht immer so schaut oder dass er nicht explizit Sie so angeschaut hat, sondern vermuten, dass der Reiz sich auf Sie bezogen hat. Ebenso interpretieren Sie auch positive optische Reize gerne in Bezug auf die eigene Person. Wenn Ihnen eine junge Frau, die Sie attraktiv finden, in der S-Bahn zulächelt, beziehen Sie dies auf sich und sehen darin vermutlich die Botschaft: „Ich finde Dich auch attraktiv." Dass sie vielleicht nur höflich sein wollte und jeden angelächelt hätte, der sich in der S-Bahn gegenüber von ihr hingesetzt hätte, blenden Sie aus. Sie beziehen den Reiz auf sich und reagieren entsprechend.

Reize werden zu Gefühlen

Aufgrund der empfangenen Reize bildet sich bei uns ein Gefühl, das, je nachdem, in welcher Verfassung wir uns befinden, unterschiedlich ausfallen kann. Befinden wir uns in einem emotional stabilen, grundsätzlich positiven Zustand, interpretieren wir das Verhalten der anderen positiver. Den Mann, der seltsam geschaut hat, ignorieren Sie, die Frau, die Sie angelächelt hat, heben

Sie besonders hervor. Auch kann ein und derselbe Reiz in unterschiedlichen Situationen zu einer vollkommen anderen Reaktion führen. Stellen Sie sich vor, Sie teilen sich ein Büro mit einem Kollegen, der während der Arbeit gerne Radio hört. Wenn Sie gut gelaunt und ausgeglichen zur Arbeit kommen, wird Sie dieser akustische Reiz vermutlich nicht stören, selbst wenn der Radiosender oder die Musik, die dort gespielt wird, Ihnen nicht besonders zusagt. Sie hören zwar die Musik (den Reiz), reagieren aber gelassen darauf, indem Sie die Geräusche ausblenden (Reaktion). Sind Sie jedoch innerlich unausgeglichen und leicht *reiz*bar (der Begriff deutet bereits an, dass in diesem Zustand *Reize* anders verarbeitet werden), wird dieselbe Musik eine andere Reaktion in Ihnen hervorrufen. Vermutlich reagieren Sie dünnhäutig und bitten Ihren Kollegen, die Musik auszuschalten, sollte er dieser Bitte nicht nachkommen, reagieren Sie unter Umständen sogar ungehalten, weil die Geräusche im Hintergrund Sie entnerven. Statt in Gleichgültigkeit wandeln Sie den Reiz in Wut oder Anspannung um.

Besonders bei verbalen Äußerungen, die ebenfalls als Reiz zu verstehen sind, werden Gefühle hervorgerufen. Erinnern Sie sich beispielsweise an das A-B-C-Schema. Die Handlung (A) kann auch als Reiz gedeutet werden. Die Äußerung Ihrer Bekannten, Sie hätten ein paar Kilo zugelegt, wird wahrgenommen und gemäß dem Reiz-Reaktions-Schema zu einem Gefühl verarbeitet. Diesen Prozess zu verstehen, ist der Kern der Transaktionsanalyse.

Absichten bei Sender und Empfänger

Sowohl der Sender als auch der Empfänger sind entscheidend für das Gelingen der Kommunikation. Wir haben bereits gelernt, dass beide aus einem bestimmten Ich-Zustand und mit einer bestimmten inneren Haltung zueinander sprechen. Dabei verfolgen beide Gesprächsparteien Absichten (Schulz von Thun führte deshalb die Appell-Ebene als eine Seite des Kommunikationsquadrats ein). Die Absichten können bisweilen offen kommuniziert werden, bleiben meist jedoch verdeckt.

Ein Beispiel: Wenn ein Gesprächspartner den anderen dazu bewegen will, etwas Konkretes zu tun, wird die Botschaft wahrscheinlich explizit formuliert: „Bitte räum dein Zimmer auf" / „Ruf mich an" etc. Hier ist der Appell klar ausformuliert und für beide Seiten erkennbar. Der Empfänger kann darauf entweder mit Zustimmung („mache ich") oder Ablehnung („mache ich nicht") reagieren. Bei dieser Form von Kommunikation bedarf es nicht zwingend einer genaueren Analyse, da die Positionen klar artikuliert sind. Die nächste Stufe der Appellebene sind verdeckte Appelle, die jedoch trotzdem meist vom Empfänger verstanden werden: „Dein Zimmer sieht aus wie ein Saustall" ist zunächst keine explizite Forderung, das Zimmer aufzuräumen, dennoch wird ein Kind, dessen Mutter eine solche Aussage tätigt, verstehen, dass es sein Zimmer aufräumen soll. Auch hier können wir die Ich-Zustände und die verschiedenen Seiten des Kommunikationsquadrats beleuchten, in der Regel sollte aber auch eine solche Kommunikation problemlos verlaufen, denn auch hier sind die Positionen relativ klar, der Empfänger antwortet auch in diesem Fall mit Zustimmung oder Ablehnung.

Schwieriger sind Kommunikationen, bei denen die Intension des Senders und/oder des Empfängers unklar oder stark implizit bleiben. Nehmen wir an, zwei Bekannte unterhalten sich auf einer Feier über ihre Urlaubsreisen. Der eine erwähnt immer wieder, dass er bereits viele exotische Reiseziele besucht hat und sich überall auf der Welt auskennt. Auf der Sachebene kann eine solche Aussage nicht lange diskutiert werden, denn entweder war der Sender bereits in vielen Ländern gewesen oder eben nicht. Schwieriger ist hier die Frage nach der Selbstoffenbarung; was genau möchte der Sender damit sagen? Dass er besonders polyglott, also vielsprachig ist? Dass er besonders viel Geld hat und sich Fernreisen leisten kann? Oder ist er einfach nur begeistert von seinen Erlebnissen und möchte sie mit jemandem teilen, der vermutlich ebenfalls ein Interesse am Reisen verspürt? Eventuell steckt hinter seinen Erzählungen auch ein Appell: Frag mich nach meinen Reisen, ich möchte Dir meine spannenden Geschichten erzählen. Oder vielleicht ist die Nachricht auf der Beziehungsebene zu verstehen: Ich bin interessanter / weltmännischer / erfahrener als Du, denn ich habe bereits viele verschiedene Länder bereist und Du nicht. Letzteres kann wiederum auf der Ebene der Selbstoffenbarung als Unsicherheit des Senders interpretiert werden. Da er sich seiner eigenen Rolle nicht sicher ist und dementsprechend mit Selbstzweifeln zu kämpfen hat, stellt er sich über seinen Gesprächspartner, um die Unsicherheit zu kaschieren. Die Selbstoffenbarung könnte also auch lauten: „Ich weiß selbst nicht genau, wo ich stehe, also versuche ich, mich zu profilieren."

Je nachdem, wie der Empfänger die Ebenen der Kommunikation auffasst, wird er auf das Gesagte reagieren. Wenn der Empfänger eine positive Absicht vermutet, wird er vermutlich tatsächlich nachfragen, vermutet er Angabe oder sogar den Ausdruck von Überlegenheit in den Äußerungen, wird er anders handeln.

Variante 1 ist also: Der Sender möchte ausdrücken, dass ihn Reisen interessiert und dass er viele interessante Erlebnisse hatte. Er vermutet, dass der Empfänger daran interessiert ist, und lädt ihn sozusagen zum Nachfragen ein. / Der Empfänger versteht dies richtig und fragt nach: „Und – wie war es zum Beispiel in Costa Rica oder in Singapur?"

Variante 2: Der Sender möchte ausdrücken, dass ihn Reisen interessiert, und sein Gegenüber einladen, nachzufragen. / Der Empfänger missversteht dies jedoch und vermutet, dass der Sender angeben und sich über den Empfänger stellen will. Er antwortet daher abweisend: „Ach, interessant, aber Du hast ja eine ganz schön schlechte Öko-Bilanz, da ist mein Urlaub in Österreich letztes

Jahr klimafreundlicher." / Der Sender reagiert darauf wiederum irritiert, er wollte bloß von seinen Reisen erzählen und sieht sich nun mit einer relativ unfreundlichen Antwort konfrontiert. Es handelt sich also um ein klassisches Missverständnis. Missverständnisse entstehen, wenn die Botschaft vom Sender anders interpretiert wird als vom Empfänger. Mit der Transaktionsanalyse und der präzisen Analyse von Kommunikation werden derartige Missverständnisse vermieden.

Variante 3: Der Sender möchte ausdrücken, dass er besonders weltoffen und interessant ist, er hält sich in der Tat für weltoffener und daher „besser" als die anderen. / Der Empfänger missversteht dies und geht davon aus, dass der Sender ihn zum Fragen animieren will, und fragt nach. / Der Sender fühlt sich in seiner Rolle als polyglotter Welterklärer bestätigt.

Variante 4: Der Sender möchte sich durch die Angabe seiner Reiseerfahrungen über den Empfänger stellen. / Der Empfänger fasst die Aussagen genauso auf und reagiert sehr reserviert beziehungsweise mit einer ablehnenden Antwort: „Glückwunsch, da hast Du ja eine ganze Menge Kerosin verschleudert, um ein paar schöne Bilder zu machen." Er hält den Sender für arrogant. / Der Sender wiederum ist genervt, da er nicht die gewünschte Nachfrage erhalten hat, sondern stattdessen mit der negativen Seite seiner Botschaft konfrontiert wird.

Sie sehen, dass ein recht banal erscheinendes Gespräch über ein grundsätzlich wenig konfliktträchtiges Thema wie Reisen zu völlig unterschiedlichen Ausgängen führen kann, je nachdem, welche Haltung und welche Absichten Sender und Empfänger jeweils einnehmen. Für die Transaktionsanalyse bedeutet dies Folgendes:

- Die Haltung beider Gesprächspartner sollte im besten Fall klar sein. Es ist daher unerlässlich, die Intension des anderen zu verstehen, um die Kommunikation angemessen analysieren zu können.
- Die vier Seiten einer Nachricht sollten im Idealfall beiden Gesprächsparteien bewusst sein. Beide sollten in der Lage sein, sich in den anderen hineinzuversetzen. Reflektieren Sie also bei Ihren Gesprächen die andere Position: Wie kann das Gesagte beim Gegenüber ankommen, wie kann er meine Worte (miss)interpretieren?
- Missverständnisse entstehen, wenn die Intension der Botschaft missinterpretiert wird. Wenn Sie also das Gefühl haben, dass eine Aussage unklar in Bezug auf ihre Intension ist und dass sie unter Umständen etwas falsch verstehen könnten, fragen Sie lieber nach. Missverständnisse lassen sich in der Regel durch Nachfragen aufklären, so vermeiden Sie überflüssige Konflikte.

Mit diesen praktischen Tipps können Sie klarer und unmissverständlicher kommunizieren. Sie sehen, dass auch hier das *A und O* die Reflexion der eigenen und der anderen Positionen ist. Reflektieren Sie und denken Sie bewusst über Kommunikation nach, auch wenn diese beiläufig, alltäglich oder banal erscheint. Insbesondere in scheinbar uninteressanten Kommunikationen steckt oftmals der Schlüssel zu Konflikten, da beide Gesprächspartner die Reflexion vermissen lassen („Der andere wird schon verstehen, was ich meine"). Betrachten Sie jede Kommunikation als relevant, die eine Ich-Position und die vier Seiten einer Nachricht beinhalten kann – Sie müssen also nicht den Dialog an der Supermarktkasse („Das macht 35,74 Euro" – „Ich zahle mit Karte") analysieren, denn hier gibt es offensichtlich weder eine andere Ich-Position als die des Erwachsenen-Ichs noch gibt es Selbstoffenbarungen oder Beziehungsebenen. Sobald eine Kommunikation aber diese Ebenen aufweist und unterschiedliche Ich-Zustände möglich sind, ist es stets von Bedeutung, diese zu reflektieren!

Emotionen

Trotz aller rationalen Überlegungen, die wir im Verlauf einer Kommunikation anstellen („Was will uns der andere damit sagen?" / „Wie wirke ich, wenn ich dieses oder jenes tue?"), dürfen wir niemals vergessen, dass der Mensch von Emotionen geleitet wird. Viele Reaktionen auf Gesagtes oder Erlebtes sind nicht rational, auch wenn wir uns selbst glauben lassen wollen, dass es so sei. Die meisten Menschen rationalisieren ihr eigenes Verhalten *ex post*, also im Nachhinein. Wir handeln in einer Situation aus einer Emotion oder einem Trieb heraus und erklären uns und anderen im Nachhinein unser Handeln aber anhand vermeintlich rationaler Argumente.

Betrachten wir ein bekanntes Beispiel aus der Welt des Sports: Der Fußballspieler Michael Ballack stand bei der Fußball-Weltmeisterschaft 2002 mit der deutschen Auswahl im Halbfinale. Man spielte gegen Gastgeber Südkorea und führte mit 1:0. Kurz vor Ende der regulären Spielzeit bot sich den Koreanern eine potenziell gute Torchance, die den Ausgleich bedeutet und den Einzug ins Finale gefährdet hätte. Michael Ballack verhinderte jedoch den Torschuss des koreanischen Spielers mit einem sogenannten taktischen Foul, welches im Fußball zwingend mit einer Gelben Karte zu ahnden ist. Ballack hatte im Turnier bereits eine Gelbe Karte gesehen, die Regeln der Fußball-Weltmeisterschaft besagten damals, dass ein Spieler mit zwei gelben Karten für ein Spiel gesperrt wird – das bedeutete: Ballack konnte im Finale nicht spielen. Die deutsche Presse nahm diesen Vorfall auf und feierte den Spieler als Helden, der sich für das Team geopfert habe. Er habe, so die Botschaft, natürlich gewusst, dass er mit „Gelb" verwarnt werden und das Finale verpassen würde, doch für die Mannschaft und für den Finaleinzug habe er alles gegeben und damit sein eigenes Schicksal hinten angestellt. Dabei ist es natürlich höchst fragwürdig, ob Ballack in dem Sekundenbruchteil, in dem er das Foulspiel beging, während einer intensiven Partie, bei hohen Temperaturen und voll mit Adrenalin tatsächlich die Tragweite seines „Handelns" überblickte. Das Foul dürfte letzten Endes nicht mehr als ein Reflex gewesen sein, unterbewusst verbunden mit dem Wissen, dass der Ausgleichstreffer den Finaleinzug gefährden würde. Im Nachhinein wurde die reflexartige Handlung Ballacks also zur rationalen Entscheidung im Sinne einer Abwägung – nehme ich die Karte und die Sperre in Kauf oder nehme ich lieber den Ausgleich in Kauf und bin im eventuell trotzdem erreichten Finale spielberechtigt? – erklärt, welche aber mit großer Sicherheit nicht vorlag. Auch der Spieler selbst wird Ihnen wahrscheinlich bis heute in einem Interview erzählen, dass es natürlich Absicht war und dass er innerhalb von einer Sekunde sämtliche Szenarien rational bewertet hat, da auch er das Handeln *ex post* rationalisiert.

Emotionen spielen also eine entscheidende Rolle bei unserer Kommunikation. Dabei ist die Kommunikation nach außen abhängig von unserem inneren Monolog, also dem Gespräch, das wir dauerhaft mit uns selbst führen, wenn wir Situationen durchleben. Je nachdem, was wir selbst empfinden und wie die Verarbeitungsprozesse von Situationen in uns ablaufen, treten wir auch nach außen hin auf – wir spiegeln unser Inneres. Doch bloß weil Emotionen schwer zu kontrollieren oder zu steuern sind, heißt das nicht, dass wir sie nicht *reflektieren* können. Sehr wohl können wir uns unserer eigenen Gefühlswelt bewusst sein und zumindest kontrollieren, wie viel von ihr wir offenbaren (Selbstoffenbarung). Es gibt dabei keine legitimen und illegitimen Emotionen, wie Sie fühlen, ist zunächst einmal immer richtig („Ich bin okay"); Sie können aber im Prozess der Reflexion entscheiden, ob es angemessen ist, Ihre Emotionen in der Kommunikation so klar zum Ausdruck zu bringen, wie Sie sie empfinden, oder ob Sie gegebenenfalls *filtern*. Es mag sein, dass der Tonfall Ihres Chefs Sie wütend macht, doch sollten Sie im Arbeitskontext überlegen, ob Sie die Wut in Ihre Kommunikation einfließen lassen oder ob Sie nicht lieber auf die Ebene des Erwachsenen-Ichs wechseln, das seine Emotionen nach außen hin kontrolliert und rational kommuniziert.

Emotionen sind situationsbedingt und änderbar

Wichtig ist dabei, dass Sie Ihre Emotionen keinesfalls unterdrücken sollen, vielmehr geht es darum, sie zu *dosieren* und Ihre Kommunikation nicht ausschließlich auf Ihren emotionalen Empfindungen aufzubauen. Wir haben in dem Kapitel zur kognitiven Umstrukturierung bereits über die Veränderung von Emotionen gesprochen. Auch diese sind nicht in Stein gemeißelt und Sie können lernen, in bestimmten Situationen anders/positiver zu denken und zu empfinden. Wenn Sie häufig in ein und derselben Situation von negativen Emotionen übermannt werden, versuchen Sie, die Situation durch Überwindung negativer Überzeugungen und Glaubenssätze mit einer positiven

Emotionalität zu versehen. Mit einer positiven Grundhaltung strahlen Sie auch andere Botschaften aus als mit einer negativen; das Gegenüber nimmt Ihre positive Energie wahr, die auch in den vier Seiten der Botschaft unbewusst mitschwingt, und wird daher als Empfänger positiv reagieren. Ein Empfänger, der positive Signale empfängt, ist schließlich viel eher bereit, positive Signale zurückzusenden. Das A und O lautet also: *Reflexion, kontrollierte Emotion, Positivität*! Wenn Sie diese drei Aspekte in Ihrer alltäglichen Kommunikation berücksichtigen, werden Sie eine deutliche Verbesserung der Transaktionen zum Positiven hin feststellen können.

Tipps und Übungen

Im Alltag fällt es oftmals nicht leicht, mit komplexen negativen Emotionen umzugehen, da wir sie als zusätzliche Belastung zu unserem ohnehin oft stressigen Pensum empfinden. Jedoch ist unser Umgang mit Emotionen nicht biologisch festgelegt, zwar gibt es gewisse genetische Anlagen und auch Prägungen, die unseren Umgang mit Gefühlen beeinflussen, man kann den Umgang mit negativen Emotionen aber erlernen.

Ein wichtiger Aspekt ist dabei, sich die eigenen Gefühle einzugestehen und, wieder einmal, zu reflektieren, welche Emotionen uns belasten. Gestehen Sie sich ein, wenn Sie mit emotionalen Empfindungen überfordert sind, und stehen Sie unter Umständen auch dazu, ein wenig sensibel zu sein. Empfindsame Menschen sind zwar anfälliger für eine Belastung durch negative Emotionen, sie sind auf der anderen Seite aber auch empathischer und einfühlsamer, haben also durchaus auch sehr positive Seiten.

Eine Übung, die der klassischen Meditation entlehnt ist, ist etwa die Steuerung des Atems. Konzentrieren Sie sich auf jeden Atemzug, wenn Ihre Gedanken abschweifen (vornehmlich, wenn sie es in eine negative Richtung tun), holen Sie diese über Ihre Atmung wieder zurück. Bleiben Sie konzentriert und ruhig, die Atmung hilft sowohl Ihrem Körper (Senkung des Blutdrucks und der Herzfrequenz) als auch Ihrem Geist. Ebenfalls mit einer gedanklichen Technik können Sie Ihr Mitgefühl und Ihre Empathie trainieren. Denken Sie dazu an einen geliebten Menschen und sagen Sie, wie bei einem Mantra, immer wieder: „Er möge frei von Leid / Wut / Trauer sein." Wiederholen Sie diesen Satz immer wieder und weiten Sie Ihre Gedanken dann auf andere Menschen aus.

Die klassische Verhaltenstherapie kennt zudem die kognitive Umstrukturierung, die wir zu Beginn des Buches schon einmal betrachtet haben. Hier werden Sachverhalte neu bewertet und mit positiven Emotionen versehen. Die Erkenntnis, grundsätzlich okay zu sein, steht hier im Vordergrund und negative Wahrnehmungen werden grundsätzlich hinterfragt und ins Positive gewendet.

Das Dramen-Dreieck

Im Laufe einer zwischenmenschlichen Kommunikation gibt es verschiedene Rollen, die ein Sprecher einnehmen kann. Diese Erkenntnis formulierte der kanadische Soziologe Erwin Goffman prägnant in seinem wohl bekanntesten Werk mit dem passenden Titel: *Wir alle spielen Theater*. Goffman argumentiert darin, dass Menschen in unterschiedlichen sozialen Kontexten verschiedene Rollen spielen und diese, vergleichbar mit einer Theaterrolle, stets performativ und an das Publikum angepasst sind. Stellen wir uns zwei verschiedene Situationen vor: ein Abendessen im Kreis der Familie, zum Beispiel zu Weihnachten, und auf der anderen Seite eine Kneipentour mit Freunden. In beiden Situationen bleiben Sie derselbe Mensch, Ihre Rolle verändert sich aber und dementsprechend auch Ihr Habitus, Ihre Art, zu sprechen und aufzutreten. Bei der Familienfeier werden Sie versuchen, möglichst dezent aufzutreten und sich so zu verhalten, dass sowohl die Eltern und die Geschwister als auch die 90-jährige Großmutter ein positives Bild von Ihnen zeichnen können: Sie spielen die Rolle des freundlichen Enkels / Cousins etc. Bei einem Rundgang durch das Nachtleben und durch verschiedene Kneipen, bei dem es in erster Linie um Feiern / Alkoholkonsum geht, und im Beisein Ihrer Freunde spielen Sie hingegen eine etwas wildere Rolle, unter Umständen die des Partylöwen, dem keine Diskothek zu laut und kein Cocktail zu stark ist. Am darauffolgenden Montag auf der Arbeit spielen Sie wiederum die Rolle des kompetenten und seriösen Mitarbeiters, bei Ihrer Partnerin zu Hause kommt, je nachdem, wie Sie die Rollen innerhalb Ihrer Beziehung interpretieren, womöglich eine weitere hinzu (zum Beispiel der liebende, romantische Partner). Sie sehen, dass Sie in jeder dieser Rollen derselbe Mensch sind, genau wie auch ein Schauspieler immer die Person ist, die er ist – Robert de Niro wird schließlich nicht zu einem anderen Menschen, wenn er eine andere Rolle spielt –, jedoch verändern Sie Ihre soziale Rolle und passen diese immer wieder aufs Neue an (Goffman, 1959/2010). Auch das sogenannte Dramen-Dreieck bezieht sich auf Rollen, die während einer sozialen Interaktion eingenommen werden können. Dabei ist es unerheblich, in welchem Kontext die Interaktion stattfindet, die drei klassischen Rollen des Dramen-Dreiecks können in Interaktion mit Freunden, Verwandten, Partnern und Vorgesetzten eingenommen werden.

Die drei Rollen sind:

- **Die Retter-Rolle:** „Ich helfe Dir", sagt der Retter zu anderen, er wird als hilfsbereit und altruistisch wahrgenommen und sieht sich in der Regel auch selbst so. Schnell kann der Retter dabei auch übergriffig werden, er vermutet, dass jeder seine Hilfe braucht und darauf aus ist, sie zu erhalten. Deshalb mischt er sich auch ungefragt in die Belange anderer ein und hilft, unabhängig davon, ob das Gegenüber diese Hilfe braucht oder möchte. Der Retter ist auf die Defizite seiner Mitmenschen fokussiert („Das kann / muss er besser machen") und neigt dazu, andere Menschen abzuwerten. Er agiert somit, auch wenn er auf den ersten Blick ehrbare Motive hat, nämlich anderen zu helfen, aus der Grundposition des „Ich bin okay – Du bist nicht okay" heraus.
- **Die Verfolger-Rolle:** „Du bist schuld", sagt der Verfolger seinem Gegenüber und wird daher als streng tadelnd und auch oftmals als dogmatisch wahrgenommen. Der Verfolger drängt seine Gesprächspartner gerne in eine untergeordnete, defensive Rolle, indem er Vorwürfe formuliert: „Du hast etwas nicht richtig gemacht" / „Du bist schuld" etc. Er fühlt sich anderen überlegen und beansprucht für sich die Definitionshoheit, was richtig und was falsch ist, weshalb der Verfolger gerne Werturteile über andere fällt. Dabei denkt er meist in einem Schwarz-Weiß-Schema, Platz für Nuancen oder für Grautöne lässt er nur selten – die eigene Meinung und Position ist die richtige, die der anderen die falsche. Prädestiniert für die Rolle des Verfolgers sind dabei strenge, tadelnde Eltern (oder Personen, die als strenges Eltern-Ich sprechen) oder auch Lehrer, da die zu erziehenden oder zu unterrichtenden Kinder sich bereits in einer subalternen Position befinden. Der Verfolger wertet andere häufig ab, seine Grundposition ist dabei interessanterweise dieselbe wie die des Retters: „Ich bin okay – Du bist nicht okay." Der Retter zieht aus dieser Positionierung jedoch die Schlussfolgerung, dass er dem Gegenüber helfen muss („Ich bin höher gestellt als Du, deshalb sollte ich Dir helfen und Du solltest auf mich hören"), wohingegen der Verfolger aus derselben Denkweise heraus eine abwertende Position einnimmt. Die Interaktion mit dem Verfolger ist daher im Alltag oft schwierig für andere, weshalb Verfolger sich oftmals alleine und isoliert fühlen. Dabei ist es entscheidend, zu verstehen, dass die Abwertung anderer nicht unbedingt eine bewusste Handlung ist, sondern aus dem eigenen Denkmuster und dem Selbstverständnis der Person heraus resultiert. Vielen Verfolgern würde es guttun, sich ein wenig zurückzunehmen und weniger Verantwortung oder Kontrolle zu spüren. Dies setzt die Erkenntnis voraus, dass auch andere Menschen die eigene Rolle genauso gut ausüben können, die Haltung des „Ich bin okay – Du bist nicht okay" müsste hinterfragt und aufgegeben werden. Doch der Gedanke, mit anderen auf Augenhöhe zu interagieren und nicht die Richtung vorzugeben, bereitet dem Verfolger Unbehagen.

- **Die Opfer-Rolle:** Das Opfer präsentiert sich seinem Gegenüber gerne als hilflos, schwach und unterlegen. „Ich kann das nicht" / „Das ist mir zu viel" / „Dafür bin ich nicht gut genug" sind klassische Aussagen einer Person, die sich in die Opfer-Rolle begibt. Ein geringes Selbstbewusstsein und die Weigerung, Verantwortung für das eigene HandeHandeln zu übernehmen, sind die Folge. Manche Menschen haben die Opferrolle dabei dauerhaft inne, andere nehmen sie situativ ein. Eine Person mit einem äußerst geringen Selbstwertgefühl kann beispielsweise dauerhaft in eine Opferrolle abgleiten. Egal, was passiert, die Person sucht die Verantwortung immer bei sich und fühlt sich zudem von anderen verfolgt. Extrembeispiele sind Menschen, die jahrelang in toxischen Beziehungen leben, dort dauerhaft die Rolle des Hilflosen einnehmen und sich von einem Partner missbräuchlich behandeln lassen. Meist jedoch ist die Opferrolle temporär und abhängig von der Situation. Insbesondere das situative Einnehmen der Opfer-Position kann als Schutzschild dienen, zum Beispiel im beruflichen Kontext, wenn es um die Verteilung von Aufgaben geht. Eine Aufgabe, die dem Opfer als unliebsam oder zu anstrengend erscheint, kann mit der Aussage „Ich kann das ohnehin nicht" umgangen werden, schließlich wird der Chef niemandem eine Aufgabe zuteilen, der von sich aus sagt, er sei für diese nicht geeignet. Wichtig ist, zu verstehen, dass das Opfer in der Logik des Dramendreiecks zu seiner Situation selbst etwas beiträgt! Es geht hier nicht um die Opfer von Kriegen, Krankheiten oder um einen Ertrinkenden, der Opfer eines Schiffsunglücks wurde – das Opfer im Dramendreieck unternimmt oftmals nichts, um aus seiner Position herauszukommen, sondern richtet sich in dieser ein.

Die Interaktion von Menschen, die sich allesamt in einer Rolle des Dramendreiecks befinden, kann als psychisch ungesund bezeichnet werden. Im Dramendreieck begegnet sich niemand auf Augenhöhe, es gibt übergeordnete und subalterne Positionen, die verschiedenen Darsteller können sich zudem gegenseitig in ihren Rollen bestätigen. Der Retter sucht zum Beispiel das Opfer oder das Opfer sucht den Verfolger, um sich noch mehr peinigen und in seiner Rolle bestätigen zu lassen. Dies findet allerdings nicht immer auf einer bewussten Ebene statt. Jemand, der sich in der Verfolger-Rolle wohlfühlt, sucht nicht proaktiv ein „Opfer" wie ein Wolf, der eine Herde Schafe sucht. Umgekehrt ist es auch oftmals von den Menschen in der Opfer-Rolle keine bewusste Entscheidung, sich einem Verfolger hinzugeben, die beiden finden sich automatisch und gemäß dem Gesetz der Resonanz. Wie auch bei der Wahl von Partnern und Freunden/Freundinnen suchen wir oftmals Menschen, die uns ergänzen und mit denen wir auf eine bestimmte Art und Weise gerne in Resonanz treten. So finden sich also die zwei komplementären Rollen zusammen, da der jeweils andere sie in ihrem Rollenverständnis (fatalerweise) bestätigt. Eine dauerhafte Interaktion in den Schranken des Dramendreiecks ist somit als toxisch zu bezeichnen.

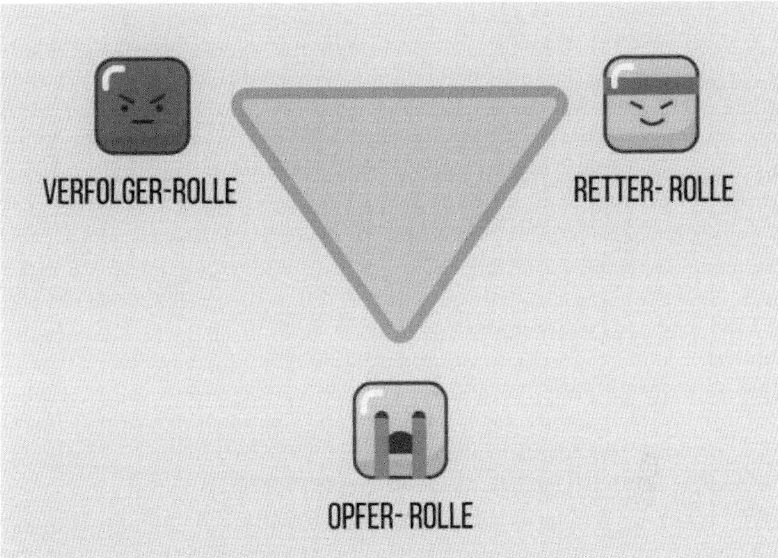

Allen drei Rollen wohnt eine Dramatik inne, daher der Begriff des *Dramen-Dreiecks*. Ein Beispiel verdeutlicht, wo die Dramatik in den jeweiligen Rollen liegt: Person A ist auf der Arbeit überfordert, sie weiß nicht, wie sie einen bestimmten Arbeitsschritt auszuführen hat. Laut denkt Person A also: „Wie soll ich das nur machen, ich weiß nicht, was ich tun soll ..." Kommt derartiges Verhalten des Öfteren vor, begibt sich A in eine Opferrolle; anstatt den Versuch zu unternehmen, sich aus der Unwissenheit und dem Zustand der Überforderung zu befreien, nimmt A diese Rolle an, da sie bequem erscheint und man sich hinter ihr verstecken kann: „Ich bin ohnehin überfordert und weiß nicht, was ich auf der Arbeit tun soll." Diese Rolle kann entlastend wirken, sie kann aber auf der anderen Seite auch zur Belastung werden, da dieser Grundhaltung die Position „Ich bin nicht okay" zugrunde liegt. Schnell kann sich ein negativer Glaubenssatz bilden: „Ich bin inkompetent und die Arbeit überfordert mich." Die Opferrolle ist der psychischen Gesundheit also keinesfalls zuträglich.

Die Kollegin B, die mit Person A in einem Büro sitzt, registriert ihren fragenden Blick, ihr unsicheres Verhalten und ihr halblautes Grübeln. B möchte A helfen und sagt ihr: „Du musst einen neuen Vorgang anlegen und wie folgt speichern ..." Auf der einen Seite hilft B A damit inhaltlich, andererseits nimmt sie A damit das Denken ab: Sie schlüpft in die Retter-Rolle. Aus der Konstellation zwischen Opfer und Retter ergeben sich verschiedene Möglichkeiten:

1. Die beiden spielen ihre Rolle über einen gewissen Zeitraum, das Theaterstück läuft tagtäglich. B bleibt also noch eine Weile in der Retter-Rolle, A verharrt in der Opfer-Rolle. Doch irgendwann wird es B zu viel, sie hat es satt, ständig die Verantwortung für ihre Kollegin übernehmen zu müssen, und fängt an, A zu kritisieren: „Nichts kann man Dich alleine machen lassen, immer machst Du Fehler." B gerät von der Retter- in die Verfolger-Rolle, A bleibt das Opfer. Beide fühlen sich unwohl in der jeweiligen Rolle, A fühlt sich nutzlos, B möchte ihrer Kollegin helfen, kann es aber nicht mehr.

2. A macht einen Fehler, der Vorgesetzte kritisiert sie. A bezieht sich nun aber auf B: „Sie hat gesagt, ich soll das so machen." Damit wechselt A von der Opfer-Rolle in die Verfolger-Rolle, B wiederum gerät in die Opferrolle, da der Vorgesetzte nun im Zweifel sie verantwortlich macht. Beide fühlen sich in der Regel schlecht mit einer solchen Situation. A hat vermutlich ein schlechtes Gewissen, „Sie hat mir geholfen und bekommt nun noch den Ärger", und B ärgert sich über A und/oder über sich selbst: „Wie undankbar. Ich helfe ihr und sie schwärzt mich an. Warum helfe ich ihr überhaupt?"

3. B fühlt sich wohl in ihrer Retter-Rolle und baut diese weiter aus. Von nun an lässt sie A nichts mehr alleine machen und gibt ihr selbst bei den einfachsten Vorgängen, die sie trotz ihrer Opfer-Rolle selbstständig hätte erledigen können, Ratschläge. Dies wiederum nervt jedoch A, die sich bevormundet und nicht ernst genommen fühlt. Sie kritisiert daraufhin B: „Du musst mir nicht alles sagen, Du führst Dich auf, als wärst Du meine Chefin." A wechselt von der Opfer- in die Verfolgerrolle, B von der Retter- in die Opferrolle. Auch hier ist die Konstellation für keinen der beiden befriedigend.

Egal, welche Position eine Person im Dramen-Dreieck einnimmt, es wird ihr immer schlecht damit gehen, denn keine dieser Rollen ist eine angenehme. Das Tückische an dieser Konstellation ist zudem, dass die Rollen rapide wechseln können, das heißt, dass man schnell von der einen in die andere Position wechseln kann, ohne aktiv etwas dafür zu tun. Im letzten Beispiel wird B sozusagen in eine andere Rolle gewechselt, ohne dass sie etwas dafür kann. Erstrebenswert ist daher eine Rolle außerhalb des Dramen-Dreiecks, die sogenannte *neutrale Rolle*. Die Dramen und Konflikte, die mit der Einnahme jeder Rolle zusammenhängen, können so vermieden werden. Sie schauen als Unbeteiligter von außen auf das Theaterstück, ähnlich wie ein Regisseur oder ein Beleuchter, der zwar in das Stück, nicht aber in die Rollenverteilung involviert ist. In der neutralen Rolle nehmen Sie weder Einladungen zur Einnahme einer der Rollen an noch sprechen Sie welche aus; Sie verhalten sich so, dass Sie keiner Rolle innerhalb des Dreiecks zugeordnet werden können. Bewahren Sie Abstand und Distanz zum Geschehen und reflektieren Sie aus Ihrem neutralen Standpunkt heraus. Damit durchbrechen Sie die ungute Dynamik des steten Rollenwechsels und der Einnahme bestimmter dramatischer Rollen und bleiben unabhängig in sozialen Konflikten.

Analyse der Transaktionen

„Je vertrauter und alltäglicher eine Verhaltensweise ist,
desto problematischer wird ihre Analyse."
(Desmond Morris, britischer Verhaltensforscher)

Wir haben nun schon einiges über menschliche Kommunikation und die mit ihr verbundenen Emotionen gelernt. Wir haben das Modell von Schulz von Thun kennengelernt, wonach eine Nachricht immer vier Seiten beinhaltet, wir haben über Missverständnisse, nonverbale Aspekte der Kommunikation und über die dadurch ausgelösten Gefühle gesprochen, ebenso über die Rollen, die Menschen im alltäglichen Theater einnehmen können. Wir wissen also nun, was es mit Transaktionen auf sich hat. Doch wie genau funktioniert die vollständige Analyse? Auch hierzu haben wir bereits einiges gelernt, betrachten wir die Analyse an dieser Stelle noch einmal schematisch.

Kommunikationen, bei denen die Botschaft und die Rolle sowohl des Senders als auch des Empfängers klar sind, sind einfach zu analysieren. Wenn zwei Erwachsenen-Ichs eine unmissverständliche Botschaft austauschen, gibt es meist wenig Interpretationsspielraum: „Wie viel Uhr ist es?"/ „16:30 Uhr."/ „Danke sehr."

Schwieriger wird es, wie wir bereits an einem Beispiel analysiert haben, wenn zu der eigentlich klaren Botschaft auf der Sachebene eine Implikation (Appell) hinzukommt. „Das ist schon das dritte Stück Kuchen" – je nach Tonlage wird hieraus deutlich, dass der Sender dem Empfänger implizieren möchte, dass drei Stücke Kuchen sehr viel sind, es schwingt die Botschaft mit: „Du solltest weniger essen." Vordergründig spricht der Sender aus der Position des Eltern-Ichs, denn die Aussage, dass bereits drei Stücke Kuchen gegessen wurden, scheint eine Sachaussage zu sein. Doch auch das Eltern-Ich schwingt hierbei mit, es will tadeln, da drei Stücke Kuchen zu viel seien. Der Empfänger antwortet mit: „Das stimmt doch gar nicht." Auch hier scheint zunächst eine Sachaussage getroffen, doch implizit tritt hier das Kind-Ich heraus, das trotzige Kind, das auf Vorwürfe der strengen Eltern mit einer grundlegenden Blockadehaltung reagiert.

Denken wir an die Beziehungsebene, wird die Situation noch komplizierter – wenn es sich bei Sender und Empfänger in diesem Beispiel um ein Ehepaar handelt, also zwei erwachsene Menschen, die eigentlich auf Augenhöhe miteinander kommunizieren sollten. Die Vorgeschichte spielt bei Konflikten und Streitgesprächen immer eine Rolle. Fühlt ein Ehepartner sich vom anderen grundsätzlich bevormundet, so wird er automatisch gereizt auf die Aussage „Das ist schon das dritte Stück Kuchen" reagieren. Ohne zu fragen, vermutet der Sender automatisch einen Tadel, und er reagiert so, als sei er getadelt worden, auch wenn dies unter Umständen nicht der Fall ist. Unsere tägliche

Kommunikation ist von derartigen Zwischentönen geprägt, in den seltensten Fällen funktioniert eine Kommunikation auf der reinen Sachebene; dies ist oftmals sogar nur zwischen zwei einander nicht bekannten Personen möglich, da diese keine Beziehungsebene und keinerlei kommunikative Vorgeschichte verbindet.

Arten von Transaktionen

Die Transaktionsanalyse legt einen starken Fokus auf die Positionen von Sender und Empfänger. Das Verhältnis der beiden Beteiligten und die Nachricht selbst mit ihren vier Seiten sind genauestens zu analysieren. Die Transaktionsanalyse kennt drei Arten von Transaktionen:

Komplementär-symmetrisch

Dieser Zustand ist der Idealzustand. Wir haben es mit zwei gleichberechtigten Individuen zu tun, die beide aus der Position des Erwachsenen-Ichs heraus kommunizieren. Beide akzeptieren das Gegenüber als gleichwertigen Gesprächspartner. Der komplementär-symmetrische Zustand ist also gekennzeichnet durch:

- **Gleichberechtigung der Gesprächspartner:** Beide befinden sich auf Augenhöhe, was die Kommunikation anbelangt. Dabei ist zum Beispiel die soziale oder ökonomische Stellung der beiden Gesprächspartner unbedeutend. Auch der Vorgesetzte kann mit seinem Angestellten auf Augenhöhe kommunizieren, unabhängig von der Position im Unternehmen.
- **Symmetrische Ich-Zustände:** Im Idealfall kommunizieren zwei Erwachsenen-Ichs miteinander, es können aber auch zwei Eltern-Ichs oder zwei Kind-Ichs sein, die miteinander sprechen. Die letzten beiden Fälle sind ein wenig komplizierter, da das Eltern-Ich oft eine alterne, das Kind-Ich tendenziell eine subalterne Position einnimmt. Doch grundsätzlich ist die Hauptsache, dass beide denselben Ich-Zustand wählen, um miteinander zu kommunizieren: „Wissen Sie, wo es hier zum Dom geht." / „Ja, Sie müssen die zweite Straße rechts nehmen und dann geradeaus laufen." Es werden ausschließlich Sachinformationen getauscht, beide Ichs sind Erwachsenen-Ichs. Gespräche zwischen zwei Kind-Ichs hingegen werden, selbst wenn sie unter Erwachsenen geführt werden, oftmals auch als kindisch wahrgenommen. Zwei Arbeitskollegen streiten sich etwa über die Verwendung einer Tasse aus der gemeinsamen Teeküche: „Du hast gestern schon wieder meine Tasse benutzt. Ich hab's genau gesehen." / „Stimmt gar nicht, ich hab meine eigene Tasse, ich brauche deine nicht zu benutzen!" Selbstredend wird ein solcher Dialog wohl in den seltensten Fällen zu einer produktiven Einigung führen.

• **Eindeutige Seiten der Nachricht:** Auf keiner der vier Seiten der Nachricht nach Schulz von Thun existieren Unklarheiten. In diesem Beispiel ist alles eindeutig. Die Sachebene ist „Ich weiß nicht, wo sich der Dom befindet", ebenso die Selbstoffenbarung: „Ich kenne mich hier nicht aus". Der Appell lautet klar verständlich „Können Sie mir bitte den Weg sagen?" und eine Beziehungsebene ist, wenn überhaupt, rein sachbasiert vorhanden: „Ich bitte Sie um Hilfe." Ist der Sender mit nicht krankhaft von der Norm abweichenden kognitiven Fähigkeiten ausgestattet, wird er alle vier Seiten genauso verstehen, wie sie vom Sender intendiert wurden.

• **Grundhaltungen sind positiv:** In einer solchen Kommunikation ist die Grundhaltung in aller Regel: Ich bin okay – Du bist okay, und das auf beiden Seiten. Schließlich gibt es auch keinen Grund, den anderen nicht okay zu finden, denn die Kommunikation verläuft auf Augenhöhe und auf einer sachlichen Ebene.

FAZIT: Die Kommunikation gelingt.

Komplementär-asymmetrisch

Eine komplementär-asymmetrische Kommunikation kann ebenfalls funktionieren. Hier nehmen beide Gesprächspartner sich gegenseitig an und verstehen sich inhaltlich, beide befinden sich aber in unterschiedlichen Ich-Zuständen, weshalb eine Asymmetrie entsteht. „Komm endlich, wir sind zu spät." / „Ja, ist doch gut! Ich komme ja schon. Immer hetzt Du mich!". Hier trifft ein Eltern-Ich auf ein Kind-Ich, ersteres ermahnt, stellt also eine Forderung an den anderen, sich zu beeilen. Diese Botschaft ist ziemlich eindeutig, die Aufforderung des Senders ist für den Empfänger leicht zu verstehen. Würde der Sender sagen, „Es ist echt spät, ich hasse es, zu spät zu kommen", wäre der Fall bereits komplizierter, denn hier wird keine klare Aufforderung ausgesprochen, sondern der Appell schwingt nur unterschwellig mit. Doch im Falle einer deutlichen Aufforderung entstehen in aller Regel keine Verständnisprobleme. Die Antwort erfolgt jedoch im Zustand des Kind-Ichs, sie ist leicht trotzig und genervt, auch wenn der Empfänger vielleicht insgeheim weiß, dass er tatsächlich zu lange braucht und daher eine Verspätung der beiden zu einer Verabredung droht, möchte er Widerworte geben und sich von dem Eltern-Ich nicht bevormunden lassen. Der Sender kann diese Reaktion wiederum erwarten (antizipieren) und wird die leicht nörgelnde Antwort akzeptieren, solange der Empfänger sich anschließend tatsächlich beeilt. Schwierig wird es, wenn auf der Beziehungsebene bereits Vorbelastungen gegeben sind. „Immer kommst Du zu spät" / „Immer drängelst Du mich" – wenn sich derartige Muster zwischen den beiden Gesprächspartnern eingespielt haben, kann die Beziehungsebene die an sich noch gelungene Kommunikation gefährden. Voraussetzungen zum Gelingen einer komplementär-asymmetrischen Kommunikation sind:

• Eindeutigkeit der Nachricht: Die Nachricht muss klar verständlich sein, es darf keinen Spielraum für Missverständnisse auf der Appell- oder Beziehungsebene geben. Da die Ich-Zustände der beiden Gesprächspartner asymmetrisch sind, ist diese inhaltliche Eindeutigkeit erst recht notwendig. Klare Nachrichten sind solche, die ohne Interpretationsspielräume gut verstanden werden können. Also nicht „Das ist schon dein drittes Stück Kuchen", sondern: „Ich denke, dass Du zu viel Kuchen isst." Oder anstatt „Es ist ganz schön kalt hier drin" (mit Implikation), „Kannst Du mir bitte eine Decke holen, da es mir ohne zu kalt ist." Diese Botschaften sind eindeutig und können von jedem Empfänger verstanden werden.

• Grundhaltungen sind positiv: Auch die positive Grundhaltung ist essenziell für das Gelingen dieser Kommunikation. Der Sender ist in diesem Fall genervt, weil der Empfänger in seinen Augen zu viel Zeit benötigt. Der Sender hat vermutlich Angst, zu spät zu einer Verabredung zu kommen, oder ist es selbst leid, zu warten. Der Empfänger fühlt sich wiederum gedrängt oder bevormundet. Dennoch kann die Grundhaltung dem anderen gegenüber positiv sein: „Ich bin okay – Du bist auch okay, mich stört bloß gerade dein akutes Verhalten."

FAZIT: Die Kommunikation gelingt.

Anders sieht der Verlauf des Gesprächs aus, wenn diese beiden Voraussetzungen nicht gegeben sind:

• Die Nachricht wird durch die Beziehungsebene belastet: Besonders in Paarbeziehungen besteht die Gefahr, dass sich negative kommunikative Muster einspielen. Solche Sätze werden oft vorwurfsvoll formuliert und beginnen mit „immer" oder „andauernd". „Andauernd kommen wir wegen Dir zu spät" / „Immer trödelst Du herum und lässt mich warten" – oder auf der anderen Seite: „Immer meckerst Du herum." / „Andauernd hetzt Du mich, obwohl Du weißt, dass mein Tempo langsamer ist als deins." Eine solche Vorgeschichte führt dazu, dass auch eine eindeutige Kommunikation zu einer gegenseitigen negativen, vorwurfsvollen Auslegung führen kann. Gegenstand der Diskussion ist schnell nicht mehr die Sache, sondern die Beziehungsstrukturen.

• Negative Grundhaltung: Eng mit diesem Punkt verbunden ist der Aspekt der negativen Grundhaltung. Wenn die kritische Haltung dem anderen gegenüber nicht auf eine spezielle Situation beschränkt bleibt, sondern zu einer grundsätzlichen Haltung wird, „Ich bin okay – Du bist nicht okay, weil Du mich warten lässt / mich drängelst", dann wird die negative Sicht auf den anderen die Kommunikation erschweren.

• Einseitige Asymmetrie: Eine Asymmetrie der Ich-Zustände ist grundsätzlich noch kein Problem. Wir haben bereits gelernt, dass Gesprächspartner durchaus ihre Rollen wechseln können, wichtig ist aber, dass sie dies auch tun, ansonsten ist die Asymmetrie dauerhaft. Wenn also das Eltern-Ich in einer anderen Situation zum Kind-Ich oder Erwachsenen-Ich werden kann und das Kind-Ich ebenfalls in eine der anderen beiden Rollen schlüpfen kann, besteht kein Problem. Nehmen wir an, der Partner, der zu sehr trödelt, ist dafür penibler als der andere und ermahnt am nächsten Tag: „Ich hatte Dich doch gebeten, deine Kaffeetasse wegzuräumen, nun gibt es wieder Kaffeeränder auf dem Esstisch." „Ich hätte sie schon noch weggeräumt", antwortet der andere. Die Rollen haben sich hier also umgekehrt, das Kind-Ich wurde zum Eltern-Ich und umgekehrt. So halten sich die Beziehungen die Waage, keiner der beiden Partner fühlt sich dem anderen untergeordnet. Findet dieser Wechsel nicht statt, belastet das andauernde Subordinationsverhältnis die Partnerschaft und damit auch die Kommunikation.

FAZIT: Die Kommunikation gelingt nicht.

Gehen Sie also mit einer grundsätzlich wohlwollenden Haltung an die Kommunikation heran. Versuchen Sie dabei, nicht die Beziehungsebene Oberhand gewinnen zu lassen, sondern konzentrieren Sie sich auf die Sachebene.

Ungleich (gekreuzt)

Die gekreuzte Kommunikation ist der denkbar ungünstigste Fall. Hierbei werden sowohl Beziehungs-Ebenen und Ich-Zustände als auch die Seiten der Nachricht von den Kommunikationspartnern gewechselt (*gekreuzt*). Der Empfänger reagiert dabei anders, als der Sender es erwartet hätte, was oftmals einen Konflikt / eine Auseinandersetzung zur Folge hat. Nehmen wir an, A fragt nach der Uhrzeit: „Entschuldigen Sie, können Sie mir die Uhrzeit sagen?" B antwortet: „Wieso? Guck doch selbst nach – hast Du keine Uhr, oder was?" A eröffnet das Gespräch aus der Perspektive des Erwachsenen-Ichs, es geht lediglich um die Sache, nämlich um die Uhrzeit, B wiederum antwortet in der Haltung, die sowohl einem tadelnden Eltern-Ich als auch einem trotzigen Kind-Ich zugeschrieben werden können. Einerseits verhält er sich nämlich bockig, „Wieso? Guck doch selbst nach", andererseits verbindet er diese Bockigkeit mit einem Tadel: „Hast Du keine eigene Uhr?" Die Ich-Zustände wechseln also unerwartet, denn eigentlich könnte man davon ausgehen, dass B im Erwachsenen-Ich antwortet und A einfach die Uhrzeit nennt. Außerdem spiegelt B an A, dass dieser nicht okay ist (Ich bin okay – Du bist nicht okay), während A gegenüber B keinerlei Vorbehalte gehegt hat. Auch hier entsteht also eine Asymmetrie. A wird vermutlich überrascht oder seinerseits wütend reagieren: „Und was fällt Ihnen ein, mich so anzuschnauzen? Ich habe Ihnen lediglich eine harmlose Frage gestellt!" Die Kommunikation ist also von einer sachlichen auf eine emotionale Ebene gewechselt. Folgende Faktoren trugen zum Misslingen der Kommunikation bei:

- **Gekreuzte Ich-Zustände:** Ein Erwachsenen-Ich trifft auf ein trotziges Kind- bzw. tadelndes Eltern-Ich. Da diese Rollenverteilung nicht erwartbar war, kommt es zum Konflikt.
- **Negative Grundhaltung:** B hat in diesem Beispiel eine negative Grundhaltung A gegenüber. Er fühlt sich von der Frage nach der Uhrzeit belästigt oder gestört, kommuniziert dies allerdings nicht, „Entschuldigen Sie, ich habe zu tun", sondern reagiert abweisend und unhöflich: Ich bin okay – Du bist nicht okay.
- **Gekreuzte Seiten der Nachricht:** Für A gibt es in diesem Fall ausschließlich die Sachebene, keinerlei Implikationen oder sonstige Beziehungsebenen. B wechselt jedoch zu einer anderen Seite der Nachricht, er antwortet mit einer Selbstoffenbarung, „Ich will nicht gestört werden", mit einem Appell, „Sprechen Sie mich nicht an", und implizit auch auf der Beziehungsebene: „Sie stören mich, ich will von Ihnen nicht angesprochen werden."
- **Unerwartete Reaktionen:** Kommunikation bedeutet immer auch Antizipation, wir ahnen also voraus, wie unser Gegenüber reagieren wird. Sicherlich kennen Sie solche Situationen, in denen Sie überlegen, ob Sie jemanden ansprechen sollen oder nicht: „Er sieht gerade beschäftigt aus, wenn ich ihn jetzt anspreche, wird er wahrscheinlich genervt reagieren, ich frage lieber später nach." Wir denken also, bevor wir selbst eine Kommunikation eröffnen, bereits über die Reaktion nach. Ebenso rechnen wir damit, dass unser Gegenüber uns versteht: „Können Sie mir die Uhrzeit sagen?" wird in der Regel nicht mit „Ja, kann ich", sondern mit der Uhrzeit beantwortet, da der Empfänger die Aufforderung des Senders versteht. Fällt eine Reaktion anders aus als erwartet, kann dies den Sender verunsichern; er hatte mit einer anderen Reaktion gerechnet und ist deshalb unvorbereitet, aus der spontanen Reaktion heraus begeht er vielleicht selbst einen kommunikativen Fehler und sorgt so mitverantwortlich dafür, dass das Gespräch misslingt. Stellen Sie sich vor, der Mann, den Sie soeben nach der Uhrzeit gefragt haben, antwortet nicht wie erwartet: „Können Sie mir die Uhrzeit sagen?" / „Ja, kann ich." Diese Antwort ist vermutlich nicht bösartig oder abwertend gemeint, sondern ist entweder als Scherz gedacht oder, was nicht sehr wahrscheinlich ist, der Mann hat den Appell („Bitte nennen Sie mir die Uhrzeit") tatsächlich nicht verstanden. Sie haben nun also eine andere Antwort als erwartet erhalten und reagieren perplex; Sie sagen in einem genervten Tonfall: „Dann sagen Sie sie mir auch oder wollten Sie mir nur mitteilen, dass Sie eine Uhr besitzen?" Dies stößt den Mann wiederum vor den Kopf, schließlich wollen Sie etwas von ihm. Selbst wenn er Ihnen am Ende die Uhrzeit noch nennt – die Kommunikation ist gescheitert, denn Sie gehen beide mit einem schlechten Gefühl aus ihr heraus.

- **Aggression:** Aggression ist ein absolutes No-Go in einer Kommunikation. B reagiert hier aggressiv und veranlasst A somit dazu, ebenfalls aggressiv zu reagieren: „Was fällt Ihnen ein, mich so anzuschnauzen?" Damit ist die Kommunikation misslungen, aus einer aggressiven Kommunikation gibt es in der Regel keinen produktiven Ausweg mehr, das Gespräch ist gescheitert.

FAZIT: Die Kommunikation gelingt nicht.

Versuchen Sie also, möglichst gewaltfrei (nicht aggressiv) zu kommunizieren, und seien Sie bereit, auch auf unerwartete Antworten zu reagieren. So wirken Sie insgesamt souveräner und vermeiden ihrerseits unangemessene Reaktionen. Natürlich müssen und sollen Sie sich nicht alles gefallen lassen, versuchen Sie aber stets, auf der Sachebene zu bleiben, eine positive Grundhaltung zu bewahren (Du bist okay – nur dein Verhalten ärgert mich) und auf der Ebene des Erwachsenen-Ichs zu bleiben. In unserem Beispiel könnten Sie etwa antworten: „Nein, ich habe meine Uhr vergessen, deshalb habe ich Sie gefragt. Ich konnte ja nicht ahnen, dass Sie derart ungehalten reagieren würden. Ich finde Ihre Reaktion unangebracht, aber es ist in Ordnung, ich frage jemand anderen."

Exkurs: Gewaltfreie Kommunikation
Sie alle kennen die Redewendung „Der Ton macht die Musik". Sie besagt nichts anderes, als dass nicht nur das Gesagte selbst, sondern auch die Art, wie etwas gesagt wird, entscheidend für das Gelingen von Kommunikation ist. Wir haben in diesem Buch bereits anhand diverser Beispiele aufgezeigt, wie wichtig es ist, die Zwischentöne von Kommunikation zu verstehen. Bei der gewaltfreien Kommunikation geht es vor allem darum, auf eine Art und Weise zu kommunizieren, die andere nicht verletzt / beleidigt/ herabwürdigt, in der man aber dennoch eigene Positionen und Bedürfnisse deutlich machen kann. Gewaltfreie Kommunikation kann jeder lernen, dazu sind folgende vier Schritte zu beachten:

1. **Beobachtung und Beschreibung: Beschreiben** Sie Ihrem Gesprächspartner die Situation, in der Sie sich befinden, wie Sie sie wahrnehmen. In diesem Schritt werden keinerlei Wertungen oder Urteile vorgenommen, sondern lediglich die eigene Position wird beschrieben. Zum Beispiel „Diese Situation ist unangenehm für mich" und nicht: „Die Situation ist unangenehm für mich, weil Du Dich so verhältst." Ihr Gesprächspartner soll sich in Ihre Gefühlswelt hineinversetzen können (siehe Abschnitt zu Empathie).

2. **Gefühle ausdrücken:** Versuchen Sie im zweiten Schritt, Ihre Gefühle so präzise wie möglich auszudrücken. Beschreiben Sie Ihr Gefühl so, dass Ihr Gesprächspartner es nachvollziehen kann. Dieser Schritt geht über den zweiten Schritt hinaus. Anstatt „Diese Situation ist für mich unangenehm", erklären Sie: „Ich fühle mich eingeengt. Ich habe das Gefühl, nicht frei zu sein, und bin daher bedrückt und beklemmt." Im besten Fall können Sie die Ursache des Gefühls benennen: „Ich fühle mich eingeengt, weil ..."
3. **Bedürfnisse ausformulieren:** Um einem Konflikt vorzubeugen, sollten Sie Ihre eigenen Bedürfnisse formulieren, auch dies so präzise wie möglich. Sie haben Ihrem Gegenüber bereits erklärt, wie Sie sich in der konkreten Situation fühlen und warum. Nun teilen Sie ihm mit, was sich ändern muss, um diese negativen Gefühle zu ändern. Was bedarf es dazu, was benötigen Sie im Moment? Seien Sie nicht zu fordernd („Ich will, dass Du ... tust"), sondern formulieren Sie aus der eigenen Perspektive heraus: „Ich brauche / Ich benötige / Ich wünsche mir, dass ..."
4. **Eine Bitte formulieren:** Aus diesen Wünschen und Bedürfnissen, die Sie haben, folgt wiederum eine konkrete Bitte an Ihr Gegenüber: „Bitte verhalte Dich in Zukunft so / Bitte ändere dein Verhalten." Eine Bitte ist wie ein Appell, denn sie enthält eine Aufforderung, eine Handlungsanweisung, sie ist aber stets höflich formuliert und stellt keine Forderung. Die Bitte wird mit Bezug auf die vorausgegangenen Gefühle formuliert.

Betrachten wir auch hier ein Beispiel:
Stellen Sie sich vor, Sie sind Vater oder Mutter und Ihr Kind kommt in ein Alter, in dem es abends häufig lange draußen ist und später nach Hause kommt als vereinbart. Sie möchten aber nicht aus der Perspektive des tadelnden Eltern-Ichs sprechen, sondern gewaltfrei mit Ihrem Kind kommunizieren:
1. „Du bist gestern spät nach Hause gekommen und hast mich nicht informiert, wo Du warst."
2. „Ich habe mir Sorgen um Dich gemacht, ich dachte, es sei etwas Schlimmes passiert."
3. „Wenn Du lange draußen bleibst, möchte ich wissen, wo Du bist, damit ich sicher sein kann, dass alles in Ordnung bei Dir ist."
4. „Bitte melde Dich kurz und schreibe mir eine Nachricht, wenn Du später nach Hause kommst als geplant."

Diese Kommunikation ist wertschätzend und nicht tadelnd. Das Kind versteht die Gefühle und Bedürfnisse seiner Eltern und ist daher eher bereit, deren Wunsch zu erfüllen, als wenn dieser in Form einer Aufforderung oder eines Befehls erteilt worden wäre.

Achtung, die verdeckte Transaktion!

Wie wir bereits gelernt haben, sind die Transaktionen am schwierigsten zu analysieren, die einen unterschwelligen, das heißt verdeckten Teil beinhalten. Verdeckte Transaktionen lassen einen Spielraum für Interpretationen und Missverständnisse, die zu einem Scheitern der Kommunikation führen können. Um verdeckte Transaktionen zu erkennen und zu deuten, bedarf es eines feinen Gespürs für Zwischentöne und ein gewisses Einfühlungsvermögen oder anders ausgedrückt: Es bedarf einer gewissen Empathie.

Jeder Mensch ist von Natur aus zu Empathie mit anderen Menschen fähig: Wir sehen einen Mann mit einem eingegipsten Bein, der zum Bus humpelt, und empfinden Mitleid, wir sehen in den Nachrichten ein hungerndes Kind in einem Land der Subsahara-Zone und empfinden Traurigkeit und Mitleid, obwohl wir tausende Kilometer entfernt sind, wir gehen auf eine Trauerfeier und fühlen mit den nächsten Angehörigen des Verstorbenen etc. All diese Beispiele verdeutlichen unsere Empathiefähigkeit, doch auch diese Eigenschaft muss trainiert werden. Schließlich waren die eben genannten Beispiele sehr offensichtlich und mit starken, aufwühlenden Emotionen verbunden. Im Alltag benötigen wir Empathie in Bezug auf weniger starke, aber dennoch bedeutsame Emotionen.

Seien Sie empathisch, um die verdeckten Transaktionen zu verstehen. „Du hast schon das dritte Stück Kuchen“ / „Du hast das Licht angelassen“ / „Du hast schon wieder die Kaffeetasse stehen lassen“ etc. – in all diesen Aussagen steckt eine implizite Botschaft. Wenn Sie diese erkennen und angemessen auf sie reagieren, werden Ihnen die verdeckten Transaktionen in Ihrem Alltag keine Probleme mehr bereiten.

Übungen für mehr Empathie:

1. **Auseinandersetzung mit den eigenen Gefühlen:** Empathie bedeutet nichts anderes als Einfühlungsvermögen, Sie lernen also, sich in andere hineinzuversetzen. Um die Gefühle anderer verstehen zu können, ist es jedoch unerlässlich, die eigenen Gefühle zu verstehen. Setzen Sie sich daher mit Ihren eigenen Gefühlen und Empfindungen auseinander und nehmen Sie bewusst wahr, in welchen Situationen welche Gefühle in Ihnen aufkommen. Wenn Sie diese Erkenntnis gewonnen haben, können Sie sich besser und schneller in die Situation anderer Menschen hineinversetzen. Wie denke / fühle ich in einer Situation? Was würde mir in dieser Situation guttun, was würde mir schaden?

2. **Beobachtung der anderen:** Beobachtung ist ein wesentlicher Bestandteil von Forschung. Sozialwissenschaftler beobachten gesellschaftliche Prozesse, Physiker beobachten kleine Teilchen und deren Verhalten und Naturforscher beobachten das Verhalten wilder Tiere in ihrem natürlichen Lebensraum. Aus präziser Beobachtung kann man wichtige Erkenntnisse gewinnen, dies gilt

auch für Kommunikation. Beobachten Sie Ihre Mitmenschen im Alltag genauer und gezielter, sei es in der S-Bahn, im Café oder bei einem Spaziergang durch die Stadt. Die Aufmerksamkeit kann hierbei sowohl auf Gespräche als auch auf körpersprachliche Aspekte gerichtet sein. Durch Beobachtung lernen Sie, andere Menschen besser zu verstehen und deren Verhalten einordnen zu können.

3. **Ausblenden von Vorurteilen:** Der Jurist und Buchautor Ferdinand von Schirach (* 1964) erzählte in einer Gesprächssendung des Schweizer Rundfunks von Inspirationen für seine Bücher und verwies dabei auf sein Motto „Mehr beobachten, weniger urteilen" (Schirach, 2018). Was von Schirach damit meint, ist, dass man bei der Beobachtung seine Vorurteile ausblenden sollte. Empathisch sein bedeutet, niemanden aufgrund des ersten Eindrucks zu verurteilen. Nehmen wir an, Sie begegnen einer Person, die auf den ersten Eindruck ungepflegt wirkt. Ihr Vorurteil lautet: „Der ist bestimmt unsauber und daher auch unangenehm, mit solchen Leuten möchte ich nichts zu tun haben." Doch wenn Sie mit diesem Vorurteil an die Begegnung herangehen, verpassen Sie die Gelegenheit, die Person näher kennenzulernen. Jeder Mensch hat gewisse Vorurteile, wichtig ist es bloß, diese zu reflektieren und sich nicht zu stark von diesen beeinflussen zu lassen. Ansonsten verpassen wir die Gelegenheit, einen Menschen in all seinen Facetten zu begreifen und seine Persönlichkeit kennenzulernen. Genau dieses tiefe Verständnis erzeugt allerdings Empathie.

4. **Verständnis zeigen:** Aus der Beobachtung und der Offenheit / Toleranz (nicht verurteilen) der anderen erwächst ein Verständnis. Versuchen Sie, Ihre Mitmenschen tatsächlich zu verstehen, so wie Sie auch sich selbst und Ihre eigenen Motivationen und Ziele versucht haben, zu verstehen. Was treibt mein Gegenüber an? Warum verhält er sich auf diese Art und Weise in einer bestimmten Situation? Warum hat jemand zum Beispiel Angst, wenn er ein lautes Geräusch hört? Hat er in der Vergangenheit schlechte Erfahrungen gemacht oder stammen seine Eltern aus einer Kriegsregion und haben ihm von Kindesbeinen an erklärt, dass laute Geräusche Gefahr bedeuten? Selbst wenn Sie nicht empfinden können, was Ihr Gegenüber empfindet, können Sie dennoch Rücksicht nehmen: „Ich verstehe, dann gehen wir nicht zusammen auf ein lautes Festival, sondern lieber ins Kino oder ins Café."

5. **Sich selbst nicht vergessen:** Empathie und Achtsamkeit hängen eng miteinander zusammen. Bei allem Verständnis und allem Einfühlungsvermögen für andere sollten Sie niemals Ihr eigenes Wohlbefinden vergessen oder es dem der anderen unterordnen. Versuchen Sie daher, eine ausgewogene Balance aus Empathie und Selbstachtsamkeit zu finden und sowohl sich selbst als auch Ihrem Umfeld Gutes zu tun.

Arbeit an der eigenen Persönlichkeit

„Nur Persönlichkeiten bewegen die Welt,
niemals Prinzipien."
(Oscar Wilde)

Die Transaktionsanalyse hilft nicht nur dabei, in konkreten kommunikativen Situationen achtsamer und reflektierter vorzugehen, sie ist auch ein Instrument zur Weiterentwicklung der eigenen Persönlichkeit. Schließlich ist Kommunikation das A und O im Alltag, wann immer wir mit anderen Menschen interagieren. Unsere Art, zu kommunizieren, ist dabei entscheidend für unseren Erfolg, sei es im Beruf oder im Beziehungsleben.

Betrachten Sie zum Beispiel erfolgreiche Politiker, Geschäftsleute oder Medienschaffende. Ihnen allen ist gemein, dass sie es verstehen, klar und verständlich zu kommunizieren. Sie sind in der Lage, sich so auszudrücken, dass wir ihnen einerseits Kompetenz zuschreiben, sie andererseits aber auch nicht als abgehoben empfinden. Ein guter Politiker wirkt wie ein weitsichtiger, kluger Entscheider, der aber dennoch volksnah ist und Verständnis für „die kleinen Leute" zeigt. Eine starke Kommunikation führt also dazu, dass man von anderen als starke Persönlichkeit wahrgenommen wird.

Daher lernen Sie, wenn Sie lernen, richtig zu kommunizieren, immer auch die entsprechenden Methoden zur Persönlichkeitsentwicklung anzunehmen. Vermutlich kennen Sie die Situation, wenn Sie jemanden sprechen hören, ihn im Fernsehen oder auf einem Social-Media-Kanal beobachten und fasziniert von dessen Persönlichkeit sind. Diese Person können Sie sein, denn außer einer guten Kommunikation, die wir mit Charisma verbinden, macht auch Ihr Idol nichts anders als Sie.

Sich der eigenen Lieblingsrolle bewusst werden

Wir haben gelernt, dass wir alle in unserem Alltag Theater spielen und dass es dabei verschiedene Rollen gibt, in die wir hineinschlüpfen. Besonders problematisch sind dabei die Rollen innerhalb des Dramendreiecks, die zu einer gestörten Kommunikation führen können. Im besten Falle vermeiden Sie es, in eine dieser Rollen zu schlüpfen – doch auch hierzu bedarf es eines Reflexionsprozesses. Es gilt für Sie, herauszufinden, welches Ihre *Lieblingsrolle* ist. Reflektieren Sie Ihr kommunikatives Verhalten: Neigen Sie dazu, in die Rolle des Beschützers zu verfallen, oder fühlen Sie sich doch wohler in der Rolle des bemitleidenswerten Opfers? Oder sind Sie gar der Verfolger und neigen dazu, andere harsch abzuurteilen? Folgende Fragen sind bei der Reflexion entscheidend:

- Welche Rolle nehme ich ein?
- In welchen Situationen neige ich dazu, in meine Rolle zu verfallen?
- In welchen Situationen wechsle ich meine Rolle (zum Beispiel vom Helfer oder vom Opfer zum Verfolger)?
- Was kann ich tun, um diese Rolle *nicht* anzunehmen? An welchen Aspekten meiner Persönlichkeit kann ich diesbezüglich arbeiten?

Machen Sie sich klar, welche Ihre *Lieblingsrolle* ist, und versuchen Sie, diese in einer Gesprächssituation nicht einzunehmen. Versuchen Sie unbedingt, außerhalb des Dramendreiecks zu bleiben. Dafür müssen Sie jedoch nicht Ihre Persönlichkeit ändern. Wenn Sie zum Beispiel dazu neigen, die Rolle des Opfers einzunehmen, deutet dies darauf hin, dass Sie sich tendenziell als *kleiner* ansehen, als Sie eigentlich sind. Sie fühlen sich anderen gegenüber unterlegen und agieren daher zurückhaltend. Und das dürfen Sie auch – nicht jeder Mensch kann von seinem Naturell her forsch und bestimmend auftreten. Bleiben Sie daher zurückhaltend, so wie es Ihrem Charakter entspricht, aber machen Sie sich nicht kleiner, als Sie sind, oder mit anderen Worten: *Seien Sie kein Opfer*!

Dazu müssen Sie sich der eigenen Haltung und der eigenen Rolle zunächst einmal bewusst werden. Reflektieren Sie die Rolle, die Sie augenblicklich einnehmen, und versuchen Sie, diese bewusst abzulegen. Sagen Sie laut oder auch nur für sich: „Ich bin kein Opfer! Ich will diese Rolle nicht mehr annehmen!" Wie ein Schauspieler, der sich aus einer ihm bekannten Rolle löst, um sich für andere, interessantere Rollen zu qualifizieren, legen Sie also Ihre gewohnte Rolle ab und brechen zu neuen Ufern auf. Der Schauspieler Robert Pattinson hat es etwa geschafft, aus der Rolle eines unbeholfenen Vampirs in einer Teenager-Romanze auszubrechen und anspruchsvollere Rollen in hochwertigen Produktionen zu spielen. Denken Sie also immer daran: So sehr Sie sich mit der Opfer-Rolle verbunden fühlen, Sie können Sie ablegen wie einen Mantel oder einen Hut. Symbolisch können Sie Ihre Rolle mit all den Zuschreibungen auch über einen hohen Berg werfen. Stellen Sie sich vor, Sie packen einen großen Sack. In diesen stecken Sie all das, was für Ihre Opferrolle typisch ist: mangelndes Selbstbewusstsein, Komplexe, Versagensängste etc. Anschließend schnüren Sie den Sack zu und werfen ihn mit Schwung über einen hohen Berg. Von nun an müssen Sie den Sack nie wieder sehen.

Zurückhaltung und Selbstbewusstsein sind keineswegs ein Widerspruch. Sie können auch überzeugend kommunizieren, ohne sich in den Vordergrund zu stellen. Wenn es etwa um die Verteilung von Aufgaben auf Ihrer Arbeit geht, sagen Sie nicht, „Ich kann das sowieso nicht, ich schaffe das nicht", sondern: „Ich denke, das wird herausfordernd für mich, ich werde mich einarbeiten müssen, aber ich bin überzeugt, dass ich es schaffen kann." Andere würden sich unter Umständen selbst mit den Worten „Na klar schaffe ich das, immer her mit den Aufgaben!" in den Vordergrund spielen, doch Sie bleiben bedeckt und zurückhaltend, ohne aber in die Opferrolle („Ich bin überfordert, ich kann das nicht") zu fallen. So wirken Sie souverän und glaubhaft in Ihrer Kommunikation, denn Sie zeigen, dass Sie sich nicht selbst überschätzen, auf der anderen Seite aber auch bereit sind, sich in ein Thema einzuarbeiten.

Ebenso verhält es sich mit der Rolle des Verfolgers. Wenn Sie zu Perfektionismus neigen, ist das in Ordnung, solange Sie Ihre Kommunikation dennoch respektvoll gestalten. Tadeln Sie nicht, sondern seien Sie konstruktiv und auch hier vor allem offen. Wenn ein Kollege eine Arbeit nicht in der von Ihnen erwarteten Qualität liefert, sollten Sie nicht tadelnd, „Nie kann man Dich etwas alleine machen lassen", sondern konstruktiv kommunizieren: „Ich bin mit Deiner Arbeit nicht vollends zufrieden, Du weißt, dass ich sehr ordentlich bin und immer einhundertprozentige Qualität abliefern möchte. Deine Arbeit entspricht diesen Ansprüchen nicht vollumfänglich, lass uns daher noch einmal darüber sprechen." Zwar teilen Sie Ihrem Gegenüber auch hier mit, dass Sie mit seiner Arbeit nicht zufrieden sind, Sie sind jedoch kein Verfolger, sondern ein ausgeglichenes Erwachsenen-Ich, das auf eine solche Eröffnung eines Gesprächs sehr wahrscheinlich auch eine Antwort eines Erwachsenen-Ichs erhalten wird.

Zuletzt lässt sich die Rolle des Retters ebenfalls in einer abgeschwächten, nicht toxischen Form ausgestalten. Es ist positiv, dass Sie anderen helfen wollen, dass Sie sich um Ihre Mitmenschen kümmern; lassen Sie ihnen dennoch Potenzial, sich zu entfalten, und versuchen Sie, Ihre Hilfe nicht aufzudrängen. Wir alle kennen den Ratschlag an Eltern, die Kinder nicht zu sehr zu verwöhnen und ihnen nicht alles abzunehmen, da die Kinder sonst nie lernen würden, auf eigenen Beinen zu stehen. In diesem Spruch steckt eine gewisse Wahrheit: Wenn wir uns zu stark in die Rolle des Retters begeben, bevormunden wir andere und erziehen sie zur Unmündigkeit. Halten Sie es daher mit dem großen deutschen Philosophen Immanuel Kant (1724–1804), dem wichtigsten Vordenker der *Aufklärung*, und ermutigen Sie Ihr Gegenüber, sich seines eigenen Verstandes zu bedienen. Das heißt nicht, dass Sie niemandem mehr helfen sollen, doch statt direkt und ungefragt den Retter zu spielen, sollten Sie vorher fragen: „Kann ich Dir helfen?" / „Kann ich Dich irgendwie unterstützen?" Nehmen wir erneut das Beispiel des überforderten Arbeitskollegen. Es ist gut, dass Sie ihm helfen wollen, jedoch hilft es ihm auf Dauer nicht weiter, wenn Sie seine Arbeit einfach für ihn erledigen. Besser ist es, Sie fragen konkret nach, wo er Probleme hat, und helfen ihm gezielt und situativ. So treten Sie als Helfer auf, ohne dabei in die Dramen-Dreiecks-Position des Retters gesogen zu werden. Helfen Sie dem Kollegen, sich selbst zu helfen, und lassen Sie ihn anschließend, mit dieser Hilfestellung, selbstständig weiterarbeiten.

Die inneren Antriebe erkennen

Wenn Sie Ihre Lieblingsrolle erkannt haben, sollten Sie sich im nächsten Schritt fragen, warum Sie in genau diese Rolle am liebsten / am häufigsten schlüpfen. Warum wollen Sie ausgerechnet der Retter sein oder warum agieren Sie letzten Endes als Verfolger? Unser Agieren in sozialen Situationen ist häufig von unseren inneren Antrieben und Motivationen geprägt. Dabei unterscheidet man in der Psychologie zwischen *intrinsischer* und *extrinsischer* Motivation.

Intrinsische und extrinsische Motivation

Intrinsische Motivation entsteht aus uns selbst heraus, wir möchten etwas aus eigenem Antrieb erreichen. Nehmen wir an, Sie möchten unbedingt Italienisch lernen, obwohl Sie es für Ihre Arbeit nicht gebrauchen können und sich bei Ihren bisherigen Italien-Urlauben auch auf Englisch ausreichend verständigen konnten. Dennoch möchten Sie die Sprache lernen, weil Sie die Kultur und das Land schätzen – Sie haben also eine intrinsische Motivation zum Erlernen der Sprache.

Extrinsische Motivation kommt von außen, es sind also äußere Bedingungen/Erwartungen, die uns zu etwas motivieren. Wenn Sie zum Beispiel in einer Firma arbeiten, die Geschäftspartner in Italien hat, und sich Ihnen bessere Aufstiegschancen in der Firma bieten, wenn Sie Italienisch können, ist die Motivation zur Erlernung der Sprache *extrinsisch*. Motivation bleibt dennoch Motivation, Sie gehen wahrscheinlich in beiden Fällen mit ähnlich viel Elan an den Lernprozess heran; grundsätzlich ist es aber natürlich stets leichter, wenn man intrinsisch motiviert ist, etwas zu tun. Extrinsische Motivation kann schließlich auch mit Druck zusammenhängen: Man ist motiviert, auf der Arbeit viel zu leisten, weil man weiß, dass man ansonsten seine Stelle verliert.

Auch intrinsische Motivation kann allerdings unbewusst (*siehe Abschnitt zu Freud und dem Unbewussten*) durch äußere Faktoren bestimmt sein. Die Motivation dazu, Italienisch zu lernen, kann auch durch ein gesellschaftliches Idealbild produziert werden, nach dem jemand als besonders intelligent/weltgewandt gilt, wenn er mehrere Sprachen beherrscht. Ohne bewusst darüber nachzudenken, rührt Ihr Wunsch also von diesem Wissen her: Sie wollen gerne als weltgewandte Person wahrgenommen werden und daher möchten Sie Italienisch sprechen, obgleich Sie die Sprachkenntnisse nicht benötigen würden. Auch die Prägung durch unser Umfeld, zum Beispiel unsere Eltern, kann dabei eine Rolle spielen. Wenn Ihr Vater, als Sie noch ein Kind waren, stets sagte, „Ich fahre nur dorthin in den Urlaub, wo ich die Sprache auch kann. Das ist eine Sache des Anstandes“, haben Sie diese Einstellung verinnerlicht. Ohne sich explizit an Ihren Vater zu erinnern, fühlen Sie sich unwohl, wenn Sie in Florenz oder in Neapel auf einem Markt einkaufen und sich mit einer Mischung aus Englisch und Zeichensprache verständlich machen. „Eigentlich ist es respektlos", denken Sie, weil Ihr Vater Sie auf diese Weise geprägt hat. Sie sehen, dass Motivationen und Antriebe komplexe, oft tiefenpsychologisch interessante Themen sind. Wichtig ist für Sie jedoch erst einmal, die Antriebe an sich zu erkennen, im zweiten Schritt können Sie Ursachenforschung betreiben.

Verstehen müssen Sie zunächst Folgendes: Weil wir ein bestimmtes Ziel haben, agieren wir auf eine bestimmte Art und Weise, um dieses Ziel zu erreichen, sowohl in Bezug auf uns selbst als auch in Bezug auf andere. Gestörte Kommunikation entsteht besonders häufig dann, wenn enorm ehrgeizige oder gar unrealistische Ziele der einen Person auf eine andere Person treffen, die diese Ziele nicht teilt.

Nehmen wir an, Ihr Ziel ist es, auf der Karriereleiter aufzusteigen und daher so schnell und exakt wie möglich zu arbeiten. Ihr Kollege teilt dieses Ziel jedoch nicht und arbeitet getreu dem Motto „Dienst nach Vorschrift". In Ihrer Kommunikation treten Sie ihm gegenüber daher vermutlich fordernd auf, da Sie sein langsameres Arbeitstempo nicht akzeptieren wollen. Sie agieren aus der Position des tadelnden Eltern-Ichs und nehmen im Dramen-Dreieck vermutlich die Rolle des Verfolgers ein: „Du arbeitest so langsam, immer muss ich Dich antreiben." Nimmt Ihr Kollege daraufhin die Opferrolle an, haben Sie eine toxische Beziehung im Sinne des Dramendreiecks aufgebaut, die nur aufgrund der kommunikativen Muster entstanden ist, die wiederum aus Ihren ehrgeizigen Zielen resultierten.

Dabei ist es keineswegs falsch, ehrgeizige Ziele zu haben, wichtig ist nur, dass Sie realistisch sind und erreicht werden können, ohne eine negative Auswirkung auf Sie zu haben. Im Folgenden werden wir uns mit vier Motivationen beschäftigen, die in ihrer übersteigerten Form zu überehrgeizigen Zielen und negativer Kommunikation führen können:

„Streng Dich an!" – Leistungsorientierung

Leistung ist eines der am häufigsten verwendeten Schlagworte unseres ökonomischen Systems. Insbesondere (neo-)liberale Politiker plakatieren in Wahlkämpfen gerne Slogans wie *Leistung muss sich wieder lohnen*. Sozialwissenschaftler sprechen im Zusammenhang mit unserer aktuellen Gesellschaftsstruktur des Öfteren von einer *Leistungsgesellschaft* und jemand, der nicht besonders viel leistet, also nicht bereit ist, Überstunden zu machen, oder der sich mit bescheidenem Wohlstand zufriedengibt, wird tendenziell kritisch beäugt. Auf der anderen Seite wird den ökonomisch erfolgreichen Menschen automatisch eine besonders hohe Leistungsfähigkeit und -bereitschaft zugeschrieben. Fest steht also offenbar: Du musst etwas leisten, um etwas zu sein.

Der Sozialpsychologe Erich Fromm (1900–1980) unterscheidet hingegen in einem seiner berühmtesten Werke *Haben oder Sein* zwischen diesen beiden unterschiedlichen Zuständen: Im Zustand des Habens geht es um materiellen Besitz, nicht nur von Geld oder teuren Luxusgegenständen, sondern auch Gefühle oder Erinnerungen werden *gehabt,* man versucht, sie zu besitzen. Beispielsweise ist die Rede davon, einen Freund zu *haben* oder schöne Erinnerungen an einen Ort zu *haben*. Der Freund oder die Erinnerung gehört demjenigen in dessen Vorstellung und er ist getrieben von dem Wunsch nach materiellem und immateriellem Besitz. Dem gegenüber steht der Zustand des Seins, bei dem sich der Mensch nicht auf materielle, sondern ideelle oder spirituelle Erfahrungen konzentriert. Im Zustand des Seins würde man also nicht sagen „Ich *habe* einen Freund", sondern, „Ich *bin* mit ihm zusammen" oder „Ich *habe* viele Erinnerungen" statt „In mir *sind* viele Erinnerungen". Dieser feine semantische Unterschied macht sich im Mindset vieler Menschen bemerkbar (Fromm, 1976).

Die starke Leistungsorientierung ist Ausdruck des Zustandes des *Habens*: „Ich habe einen guten Job." / „Ich habe ein gutes Gehalt." / „Ich habe den Anspruch, besonders gut und viel zu arbeiten." Der Wunsch nach besonderer Leistungsfähigkeit ist ein materieller, kein spiritueller. Versuchen Sie daher, das Ideal der überzogenen Leistungsbereitschaft und die Idee eines Leistungszwangs loszulassen. Denn Sie *sind* nicht nur jemand, wenn Sie etwas leisten! Ihr Wert bemisst sich nicht ausschließlich an Ihrem Anteil am Bruttoinlandsprodukt, sondern auch an Ihrer Persönlichkeit und Ihrem Charakter. Wenn Sie mit sich selbst im Reinen *sind*, können Sie ein Segen für Ihre Mitmenschen sein, auch für Ihre Arbeitskollegen und Vorgesetzten. Wenn Sie hingegen keine Energie *haben*, können Sie diese auch niemandem weitergeben. Daher lassen Sie, zumindest hin und wieder, von Ihrem Leistungsgedanken ab. Ehrgeiz ist wichtig und kann uns anspornen, etwas zu erreichen. Daher sollten wir auch in keinem Fall die Idee des Leistungsprinzips grundsätzlich verteufeln, wir sollten lediglich versuchen, das Prinzip im Zustand des Seins und nicht im Zustand des Habens zu leben – also nicht „Was muss ich leisten, um möglichst viel Geld zu verdienen oder möglichst schnell die Karriereleiter zu erklimmen?", sondern: „Was muss ich leisten, um meine Ziele mit meinen persönlichen Bedürfnissen und meinen Charaktereigenschaften zu vereinen?" Der dauerhafte Zustand des Habens suggeriert uns, dass wir niemals genug leisten, niemals genug besitzen. Wir werden also rastlos und sind bemüht, noch mehr zu *haben*, noch mehr zu besitzen, um uns über den Besitz zu definieren. Wie sonst lässt es sich erklären, dass Millionäre dazu neigen, sich gleich mehrere teure Uhren oder mehrere Oldtimer zu kaufen, obwohl sie nur eine davon tragen und nur einen davon fahren können? Der Zustand des Habens macht uns unfrei, denn erst, wenn wir besitzen, können wir glücklich sein. Im Zustand des Seins ist eine zufriedene Existenz leichter zu erreichen – nämlich durch einen Einklang mit uns selbst und unserer Umwelt. Im Sein-Zustand streben wir nicht mehr nach der Anhäufung materieller Güter, sondern nach (Selbst-)Erkenntnis und Zufriedenheit.

Übung:
Die kapitalistische Gesellschaft, in der wir leben, drängt uns für gewöhnlich in den Zustand des *Habens*, wir müssen daher den Zustand des Seins bewusst lernen. Doch auch hierfür gibt es praktische Übungen:

1. **Reflektieren, was man bereits hat:** Das ständige Bedürfnis, mehr zu haben, kann dadurch unterbrochen werden, dass man sich vor Augen führt, was man bereits hat. Wenn Sie zum Beispiel unbedingt eine teure Uhr oder das neueste Paar Sneaker besitzen wollen, überlegen Sie vorher: Ich habe bereits eine Uhr. Ich ziehe sie gerne an und sie zeigt mir zuverlässig die Zeit an. Warum sollte ich also eine neue Uhr wollen? Oder auch: Die neuen Sneaker sind im Trend. Aber ich habe bereits das Trend-Modell des letzten Jahres. Ich *habe* bereits viele Dinge. Es gibt keinen rationalen Grund, mehr zu wollen.
2. **Dankbarkeit:** Der Zustand des Habens ist undankbar. Egal, was man besitzt, man kann es nie zu einhundert Prozent wertschätzen, weil man etwas anderes oder einfach bloß *mehr* haben möchte. Schreiben Sie daher abends in ein Notizheft oder ein Tagebuch, wofür Sie dankbar sind und welche schönen Erlebnisse Sie am vorausgegangenen Tag hatten. Dies können tagesspezifische Dinge sein, zum Beispiel „Heute bin ich dankbar, dass ich so viel Zeit mit meinem Partner / meinem Kind verbringen konnte" oder auch grundlegende Dankbarkeit, die sich an diesem Tag besonders stark ausgedrückt hat: „Als ich den Mann im Rollstuhl gesehen habe, wurde mir wieder bewusst, wie dankbar ich sein kann, gesund zu sein."

Praxistipp: Oftmals führt übertriebener Ehrgeiz dazu, dass wir unsere eigenen Leistungen gering schätzen und nicht zufrieden mit dem sind, was wir bisher bereits geleistet haben. Wir denken, dass wir immer noch mehr leisten können und müssen. Doch wenn Sie in sich gehen, werden Sie feststellen, dass Sie bereits einiges geleistet haben. Sie können bereits auf eigene Erfolge zurückblicken und auf eigene Leistungen stolz sein.

Führen Sie daher eine Liste, auf der Sie positive Leistungen Ihrerseits vermerken: „Heute habe ich das große Projekt auf der Arbeit abgeschlossen." / „Heute habe ich die Reifen meines Autos gewechselt." / „Heute bin ich 10 Kilometer gelaufen." Sie merken, dass es nicht immer nur Leistungen sind, die mit Geld vergütet oder mit einer Beförderung belohnt werden, auf die Sie stolz sein können. Notieren Sie Ihre persönlichen Erfolge und sie werden merken, dass Sie in Ihrem Alltag enorm viel leisten und das Streben nach noch mehr und noch größeren Leistungen nicht notwendig und nicht gesund für Sie ist.

„Sei stark!" – Gefühle übergehen und nicht anerkennen

Generationen von Menschen, insbesondere männlichen Geschlechts, sind mit Sätzen wie *„Ein Indianer kennt keinen Schmerz"* oder *„Was Dich nicht umbringt, härtet Dich ab"* aufgewachsen. Zwar oft mit einer Prise Ironie vorgetragen, sagen diese Sätze im Grunde doch aus: Sei stark, lass Dich nicht unterkriegen und zeige vor allem deine Gefühle nicht! Wer Gefühle wie Müdigkeit, Erschöpfung oder Überforderung offen artikuliere, wirke schwächlich und weinerlich, so die Idee. Nur, wenn man Gefühle nach Möglichkeit nicht nach außen hin zeige, strahle man Stärke aus.

Zum Glück sind derartige Vorstellungen in unserer Gesellschaft heute weitestgehend überholt. Wir haben erkannt, dass es im Gegenteil ein Zeichen der Stärke sein kann, zu den eigenen Gefühlen zu stehen und sie offen zu kommunizieren. Diese Offenheit ist nicht nur anderen gegenüber wichtig, sondern auch Ihnen selbst gegenüber. Im ersten Schritt müssen Sie akzeptieren, dass Sie ein bestimmtes Gefühl in sich tragen, und lernen, damit umzugehen. Hören Sie dabei auf sich, auf Ihren Körper und Ihr Gemüt – beide senden Ihnen Signale, wenn etwas nicht in Ordnung ist. Wenn Sie sich überfordert und gestresst fühlen, nehmen Sie diese Gefühle an, wenn Sie traurig, wütend oder enttäuscht sind, nehmen Sie auch diese Gefühle an und versuchen Sie keinesfalls, sie zu unterdrücken.

Gefühlsstau

Unterdrückte Gefühle machen sich früher oder später bemerkbar und je länger Sie sich nicht mit ihnen auseinandersetzen, desto deutlicher werden sie sich bemerkbar machen. Der Psychologe Hans-Joachim Maaz (* 1943) sieht den von ihm so genannten Gefühlsstau gar als eine der wesentlichen Ursachen für psychische Erkrankungen von Individuen und damit einhergehend ursächlich für eine kranke Gesellschaftsstruktur. Demnach führten unterdrückte Gefühle unter anderem zu Gewalt, Abhängigkeiten und schließlich auch zu toxischen Beziehungen der Menschen untereinander (Maaz, 2017). Auch wenn der Zorn in der Lehre der katholischen Theologie als Todsünde zu betrachten ist, ist diese Eigenschaft in jedem Menschen angelegt. Jeder von uns war schon einmal wütend/zornig. Das Gefühl zu unterdrücken, ist dabei der falsche Weg – denn durch das Herauslassen von Wut wird Energie freigesetzt, die sonst weiterhin in unserem Körper bleibt und dort nicht ausreichend kanalisiert werden kann. Ein ungeregeltes Herauslassen von Wut kann jedoch ebenfalls kontraproduktiv sein, denn wenn Sie Ihren (wütenden) Gefühlen freien Lauf lassen, kann es schnell zu körperlichen Auseinandersetzungen mit anderen kommen. Rasende Wut wird oft auch als Tunnelblick beschrieben, das heißt, der sinnbildliche Blick nach links und rechts (oder anders gesagt: die Reflexion) geht uns verloren.

Daher ist es wichtig, zu lernen, *wie* wir unsere Gefühle kanalisieren. Wenn wir wütend sind, sollten wir diese Wut herauslassen, denn es ist nachgewiesen, dass unterdrückte Emotionen die mentale und auch die körperliche Gesundheit beeinflussen. Wenn das Gefühl in Ihnen arbeitet, werden Sie zum Beispiel schlechter schlafen, da Sie mit der Kontrolle Ihrer Emotionen beschäftigt sind und schlechter abschalten können. Auch fällt es Ihnen schwerer, positive Gefühle in ihrer vollen Intensität zu erleben, wenn Ihr emotionaler Apparat noch immer an der Verarbeitung und Unterdrückung der negativen Gefühle arbeitet. Dieser Zustand wirkt sich auch auf die körperliche Gesundheit aus – Gefühle zu unterdrücken, kann sogar infektionsfördernd wirken.

Genauso wichtig ist es aber, die Wut nicht direkt an Ihren Mitmenschen auszulassen. Schaffen Sie sich daher einen *safe space*, an dem Sie alleine und ungestört sein können, um Ihre Wut zu verarbeiten. Dabei helfen klassische Methoden, wie zum Beispiel der Boxsack, auf den man in der Garage eindreschen kann, wenn man seine Wut kanalisieren möchte. Auch ein Schreikissen kann hilfreich sein. Sie legen Ihren Kopf dazu in ein Kissen und schreien Ihre gesamte Wut in das Kissen hinein. So wird der Schall gedämpft, Sie stören niemanden und können durch den lauten Schrei dennoch genügend Emotionen *nach draußen* lassen.

Gehen Sie daher in sich und seien Sie sensibel Ihren eigenen Gefühlen gegenüber. Seien Sie konsequent – wenn es Ihnen nicht gut geht oder Sie den Eindruck haben, eine Aufgabe nicht bewältigen zu können, kommunizieren Sie dies offen und ehrlich. In der heutigen Arbeitswelt hat der überwiegende Teil der Vorgesetzten ein Verständnis für die mentalen Belastungen und die damit einhergehenden Gefühle von Mitarbeitenden entwickelt. Einem guten Chef ist es lieber, wenn Sie ihm offen und ehrlich kommunizieren, wie Sie sich fühlen, anstatt Ihre Empfindungen in sich hineinzufressen und später, als Folge des jahrelangen Gefühlsstaus, womöglich langfristig ausfallen. Und auch in einer Partnerschaft sollten beide jederzeit das Gefühl haben, offen über Emotionen und Empfindungen jedweder Art sprechen zu können. Haben Sie das Gefühl, dass Sie dies nicht können, sollten Sie dies Ihrem Partner gegenüber ansprechen. Schließlich sollte gerade er oder sie derjenige sein, mit dem Sie sich am ehesten über eventuelle Probleme austauschen können sollten.

Sie müssen also nicht immer stark sein! *Keine Schwäche zeigen* ist ein absolut überaltertes Motto, dass Ihnen auf Dauer eher schadet als nützt. Vielmehr sollten Sie zu Ihren gefühlsmäßigen Schwächen stehen und diese offen kommunizieren, denn nur so können Sie Lösungen finden. Seien Sie also stark genug, um zu Ihren Schwächen zu stehen!

Praxistipp: Auch hier kann ein Tagebuch mit täglichen Notizen überaus hilfreich sein. Lernen Sie Achtsamkeit und versuchen Sie, Ihre eigenen Gefühle bewusster wahrzunehmen, indem Sie in Ihr Tagebuch notieren, wie es Ihnen geht / wie Sie sich fühlen und welche Umstände zu diesem Gefühl geführt haben. Also zum Beispiel: *„Heute geht es mir nicht gut. Ich fühle mich unsicher und nervös. Wahrscheinlich hängt das mit dem Personalgespräch Ende der Woche zusammen. Ich habe bereits von Kollegen gehört, dass die neue Chefin sehr kritisch sein soll."*

Mit dieser Notiz beschreiben Sie Ihr Gefühl und nennen zugleich die Ursache. Sie wissen nun also, wie Sie sich fühlen und *warum*. Versuchen Sie nun, das Gefühl bewusst zuzulassen, aber gleichzeitig versuchen Sie, sich zu beruhigen. Notieren Sie: *„Was hilft mir, um abzuschalten / um ruhiger zu werden? Wo kann ich mich entspannen?"* Die bereits angesprochenen Atemübungen können Ihnen zum Beispiel dabei helfen, sich zu beruhigen, oder Sie treffen sich mit Freunden oder besuchen das Kino, um ein wenig Ablenkung zu schaffen.

Wenn Sie Ihre Gefühle zulassen und reflektieren, können Sie an Ihnen arbeiten. Wenn Sie sie unterdrücken, entsteht ein Gefühlsstau. Daher ist das Führen eines Gefühls-Tagebuchs ein Schritt in Richtung Positivität und damit auch zu einer positiveren Kommunikation.

„Du musst es besser machen!" – Perfektionismus

Perfektionisten treten oft im Duktus des strengen, tadelnden Eltern-Ichs auf. Im Dramendreieck nehmen sie bevorzugt die Rolle des Verfolgers ein, da sie dazu neigen, den eigenen Perfektionismus auf andere zu übertragen. Ebenso können sie die Retter-Rolle einnehmen, wenn sie Mitgefühl mit denjenigen haben, die vermeintlich weniger perfekt sind als sie selbst. „Ich bin perfekt und Du nicht, daher brauchst Du meine Hilfe" ist allerdings auch bloß eine Spielart von „Ich bin okay – Du bist nicht okay". Zwar mag die Schlussfolgerung daraus, „Ich helfe Dir", besser für das Gegenüber sein als die Schlussfolgerung „Ich muss Dich tadeln", ungesund sind aber beide Rollen unbestritten.

Dabei ist auch Perfektionismus per se keine schlechte Eigenschaft, auch hier bestimmt die Dosis das Gift. Wenn Sie grundsätzlich den Anspruch an sich haben, Ihre Arbeit bestmöglich zu erledigen, gibt es dagegen nichts einzuwenden. Wenn Sie jedoch niemals zufrieden mit sich und anderen sind und dazu neigen, alles und jeden in Ihrem Umfeld für vermeintliche Unzulänglichkeiten zu kritisieren, wird Ihre Kommunikation schnell negativ. Andere werden Sie als pedantisch und gegebenenfalls herablassend wahrnehmen und auch Sie selbst werden nie wirklich zufrieden mit sich sein. Der Perfektionist hat nicht selten die Grundhaltung „Ich bin nicht okay – Du bist nicht okay", denn er erwartet von sich und anderen stets das Maximum, das jedoch in vielen Situationen nicht wirklich realistisch ist.

Detailverliebtheit, Ordnung und Leistungsbereitschaft sind positive Eigenschaften, wohingegen Perfektionismus schnell zur Bürde werden kann. Tatsächlich kann ein zu extrem ausgeprägtes Streben nach Perfektion sich ähnlich wie ein Burnout auswirken. Dadurch, dass wir ständig einem Ideal hinterherlaufen, das wir aber nie erreichen können (vollkommene Perfektion in allen Lebensbereichen ist unmöglich!), geraten wir in eine Stresssituation. Über die Auswirkungen von Stress gibt es in diesem Buch ein eigenes Kapitel. Direkte Folgen eines übersteigerten Perfektionismus sind Nervosität, Verspannung, Schlafstörungen, aber auch zum Beispiel Sodbrennen und Verdauungsprobleme. Dauerhafte Angstzustände können die Folge sein, ebenso neigen Menschen, die einen starken Perfektionierungsdrang haben, zum Konsum von Rausch- und Suchtmitteln, um die damit verbundenen negativen Gefühle zu mildern. Die Gefahr für einen erhöhten Konsum von Tabak oder Alkohol ist gegeben.

Versuchen Sie also im ersten Schritt, Ihre Erwartungen an andere zu senken. Bei uns selbst tun wir uns zumeist schwerer damit, die eigene Erwartungshaltung aufzugeben, denn wir haben ein gewisses Selbstbild von uns und wenn dieses Selbstbild (vermeintliche) Perfektion beinhaltet, kann es ein hartes Stück Arbeit werden, sich von diesem Ideal zu lösen. Daher gehen wir an dieser Stelle ausnahmsweise den umgekehrten Weg und beginnen bei der Veränderung nicht mit uns selbst.

Dies erspart uns allerdings nicht den Reflexionsprozess. Wir müssen zunächst über unsere eigenen Erwartungen nachdenken und uns fragen, woher wir unsere hohen Ansprüche nehmen und warum wir diese haben. Wurden Sie beispielsweise so erzogen, das heißt, haben Ihre Eltern Ihnen vermittelt, dass nur das Beste genug ist, dass jede Schulnote außer einer Eins nicht gut ist? Oder haben Sie aus anderweitigen Erfahrungen eine perfektionistische Grundhaltung entwickelt? Diese Frage können Sie nur selbst beantworten, sie kann Ihnen dabei helfen, Ihre eigenen Erwartungen besser zu verstehen und einzuordnen. Akzeptieren Sie, dass Sie eine entsprechende Erwartungshaltung an sich haben, aber versuchen Sie, diese nicht auf Ihr Umfeld zu übertragen.

Denn Ihre Kollegen oder Ihre Partnerin können nichts dafür, dass Sie Perfektionist sind. Es ist okay, wenn Ihr Gegenüber nicht denselben Anspruch an sich hat wie Sie. Versuchen Sie daher, sich in die Rolle des anderen hineinzuversetzen: „Ich bin perfektionistisch auf der Arbeit, doch für meinen Kollegen ist die Arbeit nicht das Wichtigste. Er hat Familie und möchte daher eine gute Work-Life-Balance. Er erledigt seine Arbeit ordentlich, aber er gibt sich auch mit 95 Prozent zufrieden. Das ist in Ordnung so; er ist okay." Durch diese Akzeptanz der anderen verhindern Sie, dass eine gestörte, negative Kommunikation entsteht.

Sie agieren weniger vorwurfsvoll und äußern eher Verständnis – oder mit anderen Worten: Sie handeln aus der Position des Erwachsenen-Ichs heraus, das rational genug ist, um zu erkennen, dass andere Menschen andere Ziele und andere Ansprüche an sich selbst haben und das in Ordnung ist. Verurteilen Sie also nicht, sondern zeigen Sie Verständnis für den anderen.

Für Ihre eigene innere Ruhe wäre es sicherlich am besten, wenn Sie auch sich selbst gegenüber ein wenig Milde zeigen und auch sich selbst Fehler oder mangelnde Perfektion verzeihen könnten. Perfektionismus kann nämlich anstrengend sein und zur Belastung werden. Nicht immer wird Perfektion überhaupt verlangt. Stellen Sie sich vor, Ihr Chef gibt Ihnen eine Aufgabe und bittet Sie darum, diese möglichst schnell zu erledigen. Er wird Ihnen unter Umständen nicht dankbar dafür sein, dass Sie die Aufgabe bis ins kleinste Detail korrekt erledigen, wenn Sie dafür länger benötigen. Im Zweifel wird er die Resultate Ihrer Arbeit lieber mit 95 Prozent Genauigkeit und dafür einen Tag früher auf dem Schreibtisch haben als einen Tag später mit 99,9 Prozent. Versuchen Sie daher, den Anspruch an sich selbst, *„Ich muss immer 100 Prozent liefern"*, ein wenig herunterzuschrauben.

Praxistipp: Eine Prioritätenliste kann Ihnen dabei helfen, zwischen wichtigen und weniger wichtigen Aufgaben zu unterscheiden. Priorisieren Sie die Aufgaben, die aktuell auf Sie zukommen, und vermeiden Sie so, dass Sie zu viel Arbeit in Aufgaben stecken, die nicht die höchste Priorität genießen. Um Ihrem perfektionistischen Ideal nicht vollends zu widersprechen, können Sie eine oder zwei aktuelle Aufgaben heraussuchen, die Sie mit 100-prozentiger Präzision und Genauigkeit bearbeiten wollen. Auf diese Weise können Sie Ihren Anspruch teilweise verwirklichen. Die übrigen Aufgaben erledigen Sie bewusst mit kleinen Abstrichen und trainieren so, den Perfektionismus stückweise zu überwinden.

Übung:

1. **Eigene Leistung anerkennen:** Perfektionisten neigen dazu, sich einzureden, dass sie viele Fehler machen oder dass ihre Leistungen nicht gut genug sind. Doch oftmals ist dieses Gefühl trügerisch und entspricht nicht der Wahrheit. Ziehen Sie daher bewusst eine Bilanz: Was haben Sie in der Vergangenheit gut gemacht, was haben Sie nicht gut gemacht? Sie werden sehen, dass viele positive Dinge in Ihrer Bilanz stehen, denn wenn Sie *„nichts richtig"* machen würden, hätten Sie keinen Job, keine Familie, keine Freunde etc. Sie leisten jeden Tag eine Menge, machen Sie sich daher keinesfalls kleiner, als Sie sind, und machen Sie sich bewusst, welche eigenen Leistungen Sie tagtäglich erbringen.

2. **Bewusst Fehler machen:** Um zu lernen, mit Fehlern umzugehen, kann es helfen, diese bewusst zu machen. Natürlich sollten Sie diese nicht in einem wichtigen Projekt auf der Arbeit oder im Umgang mit Ihren Liebsten einstreuen, aber es gibt Bereiche des Lebens, in denen Fehler nicht sonderlich ins Gewicht fallen. Wenn Sie zum Beispiel eigenständig, mit Hilfe einer App, eine neue Sprache lernen möchten, bauen Sie bewusst Fehler ein: Sprechen Sie ein Wort falsch aus oder begehen Sie einen Grammatik-Fehler. Das Programm wird Sie korrigieren und Sie lernen dabei, mit diesem *Korrigiertwerden* umzugehen.

3. **Ursachenforschung:** Wenig überraschend ist auch hier die Ursachenforschung, also die Reflexion, ein enorm wichtiger Bestandteil des Verbesserungsprozesses. Es ist wichtig, zu verstehen, wo Ihr Perfektionismus herrührt. Führen Sie auch hier Tagebuch oder machen Sie sich regelmäßig Notizen. Wenn Sie sich in einer Situation befinden, in der Ihr Perfektionismus hervortritt, dann notieren Sie, was Sie empfunden haben, und versuchen Sie ebenfalls, zu reflektieren, *warum*. Zum Beispiel: „Ich habe heute eine Präsentation auf der Arbeit gehalten. Auf Folie 5 war eine Graphik falsch formatiert. Ich weiß nicht, ob es jemandem aufgefallen ist, aber ich habe es plötzlich gemerkt. Ich war den ganzen Abend lang wütend auf mich selbst. Ich glaube, es liegt daran, dass ich vor meinem Vorgesetzten gut dastehen will. Ich möchte unbedingt diese neue Stelle haben und denke, ich muss deswegen alles perfekt machen." Wenn Sie der Ursache auf den Grund gegangen sind, können Sie leichter mit der Situation umgehen und an einer Lösung arbeiten: „Vielleicht sollte ich ein Mitarbeitergespräch vorschlagen, dann bekomme ich endlich ein Feedback von meinem Chef und kann besser einschätzen, wie er mich tatsächlich beurteilt."

„Du musst schneller sein!" – Hektik

Neben der starken Leistungsorientierung ist die Schnelllebigkeit, die Hektik, eine Eigenschaft unserer Zeit. Die zeitlichen Abstände zwischen zwei Ereignissen werden immer kürzer und durch digitale Medien wird der Eindruck der Schnelllebigkeit noch zusätzlich verstärkt. Diese Hektik können wir im Arbeitsleben, aber auch im privaten Umfeld wahrnehmen. Wenn Sie eine Tätigkeit in einem Büro ausüben, werden Sie aus nächster Nähe erleben / erlebt haben, dass der Arbeitsalltag schneller und hektischer geworden ist.
Brauchte man früher für eine Korrespondenz mit einem Kunden oder einem Lieferanten noch 2 bis 3 Tage, da Briefe hin- und hergeschickt werden mussten, werden nun am Tag beliebig viele E-Mails geschrieben und Sie können mit 5, 10 oder 25 Kunden mehr oder minder gleichzeitig korrespondieren. Dies erhöht zudem den Druck, ständig erreichbar zu sein und immer mehr Arbeit in immer kürzerer Zeit zu schaffen: „Hast Du meine Mail nicht gelesen?" / „Der Bericht muss morgen fertig sein, schick ihn direkt an den Kunden" etc.

Daher sind Stress und Belastungssyndrome zu Volkskrankheiten geworden, die für viele Menschen mentale Probleme bedeuten. Versuchen Sie daher, sich von der Hektik und dem Stress um Sie herum nicht anstecken zu lassen. Selbstredend müssen Sie sich an Deadlines halten, wenn diese im Rahmen eines Projektes festgesetzt wurden. Doch den Anspruch an sich selbst, immer noch schneller und noch effizienter zu sein, sollten Sie ab einem gewissen Punkt aufgeben. Es verhält sich hier ähnlich wie mit dem Perfektionismus: Akkurat zu arbeiten ist gut, perfektionistisch zu sein ist nicht gut; schnell und effizient zu arbeiten ist gut; in Hektik und Dauerstress zu verfallen ist nicht gut. Stress versetzt den Körper in den Zustand andauernder Alarmbereitschaft. Dieser Mechanismus ist im Menschen seit vielen tausend Jahren angelegt, schließlich war es für den *Neandertaler* oder den *Homo erectus* ratsam, in Stress zu verfallen, wenn man ein wildes Tier oder einem Menschen aus einer anderen Gruppe begegnete, dessen Gefährlichkeit man nicht einschätzen konnte. Für einen kurzen Moment ist der Zustand der Alarmbereitschaft also unter Umständen nützlich, dauerhaft kann der Körper jedoch nicht mit diesem erhöhten Stresslevel umgehen.

Kopfschmerzen, verspannte Muskulatur und Schlafstörungen können körperliche Folgen eines dauerhaft zu hohen Stresslevels sein. Dadurch wiederum wird die mentale Gesundheit negativ beeinflusst, denn wenn Sie nicht gut schlafen oder ständig mit Schmerzen zu kämpfen haben, fehlt Ihnen Energie und Positivität im Alltag. Stress und Hektik führen also auf lange Sicht zu einer Beeinträchtigung der körperlichen und mentalen Gesundheit, weshalb Sie unbedingt versuchen sollten, Ihr Stresslevel so niedrig wie möglich zu halten.

Versuchen Sie daher, kleine Auszeiten zu nehmen und diese bewusst in Ihren Alltag einzubauen. Es gibt zahlreiche Methoden, die Ihnen dabei helfen, Stress zu verringern.

Übungsbeispiele für mehr Entspannung:

- Versuchen Sie, morgens und abends zu meditieren und tagsüber, wenn Sie auf der Arbeit sind, zumindest einmal am Tag eine bewusste Pause zu machen.
- Ziehen Sie sich an einen Ort zurück, an dem Sie ungestört sein können, und gehen Sie in sich.
- Wenden Sie gezielt die Quadrat-Atmung an, besagte Atemtechnik kann Ihnen zum Beispiel dabei helfen, den körperlichen Stress zu verringern und Ihren Puls zu senken. Sie werden sehen, dass Sie danach direkt weniger hektisch sind.
- Finden Sie für sich selbst heraus, was Ihnen guttut und was Ihnen dabei hilft, Stress abzubauen. Wenn Sie die Energie kanalisieren müssen, kann Sport ein ausgezeichnetes Mittel sein, wenn Sie eher Ruhe und innere Einkehr brauchen, sollten Sie unter Umständen einen beruhigenden Kräutertee trinken und so abschalten.

Wichtig: Bauen Sie digitale Auszeiten ein! Die meisten von uns müssen auf der Arbeit ständig mit Bildschirmen arbeiten, versuchen Sie daher, die Bildschirmzeit im Privatleben ein wenig zu reduzieren. Soziale Medien sind eine gute Ablenkung, aber sie sind ebenfalls hektisch, da viele verschiedene Inhalte innerhalb kürzester Zeit auf Sie einprasseln und Sie kaum Zeit und Kapazität haben, diese angemessen von Ihrem Gehirn verarbeiten zu lassen (Reiz-Reaktions-Schema). Versuchen Sie, wenn Sie einen hektischen Job haben, zumindest in Ihrem Privatleben eine gewisse Ruhe einkehren zu lassen.

Praxistipp: Finden Sie für sich heraus, welche Methoden für Sie am besten geeignet sind, um inneren Frieden herzustellen. Generell ist Yoga beziehungsweise Meditation ein überaus geeignetes Instrument zur Verringerung von Stress. An dieser Stelle möchte ich Sie bereits mit einem Beispiel an die praktische Meditation heranführen. Für weitergehende Beispiele und Übungen können Sie etwa auf YouTube passende Übungen zur geführten Meditation finden oder Sie buchen einen Kurs. Viele Fitnessstudios bieten Yoga-Kurse an und auch an vielen Volkshochschulen können Sie Anfängerkurse belegen.

Kombinieren Sie die gezielte, aktive Entspannung mit einer passiven Entspannung durch Unterlassen. Unterlassen Sie es zum Beispiel, bereits morgens soziale Medien zu nutzen. Es gibt Apps, die Ihre Bildschirmzeit am Mobiltelefon begrenzen. Wenn Sie ein von Ihnen selbst gewähltes Limit erreicht haben, meldet sich die App bei Ihnen und zeigt Ihnen die verbliebene Bildschirmzeit an. Installieren Sie eine solche App und halten Sie sich an die Anzeigen. So wird der digitale Stress, der Sie in Ihrem Alltag begleitet, deutlich gemindert.

Entspannungsmeditation:

Setzen Sie sich in einer bequemen und aufrechten Haltung (gerader Rücken) auf den Boden und schließen Sie die Augen. Blenden Sie alle Geräusche um sich herum aus und konzentrieren Sie sich ganz auf sich selbst. Konzentrieren Sie sich auf Ihre Atmung und atmen Sie bewusst tief ein und aus. Spüren Sie, wie Ihr Körper den Sauerstoff aufnimmt und wieder abgibt. Sie sind ruhig und konzentriert.

Stellen Sie sich vor, Sie wandern über eine grüne Wiese in den Bergen. Dort gibt es Blumen, Schmetterlinge und viel grünes Gras. Sie atmen den Duft der wilden Blumen und des noch leicht vom Morgentau befeuchteten Grases ein. Es ist ruhig, um Sie herum gibt es nur die Natur. Ihre Gedanken fokussieren sich auf die Natur, Sie denken an nichts anderes mehr – es gibt keine Ablenkung, nur den Moment.

Sie laufen weiter durch das Gras und entdecken, hinter einem kleinen Bergvorsprung, einen See. Das Wasser plätschert vor sich hin. Es ist kühl und klar. Sie hören das Plätschern des Wassers, Sie atmen weiter tief ein und aus und konzentrieren sich nur auf sich und die Natur, die Sie umgibt. Laufen Sie in Gedanken um den See herum, über die Wiese und atmen Sie einfach weiter. Spüren Sie Ihre innere Mitte? Sie sind ganz bei sich. Es gibt keine negativen Gedanken, keine Ängste mehr. Alles ist gut, so wie es ist.

Sie öffnen die Augen und sind wieder im Hier und Jetzt.

Glaubenssätze und Selbstüberzeugungen identifizieren

Wir haben uns in den vorausgegangenen Kapiteln bereits mit Glaubenssätzen beschäftigt. Wir haben gelernt, dass diese sowohl negativ und limitierend als auch positiv und förderlich sein können. Mithilfe der kognitiven Umstrukturierung kann es Ihnen gelingen, negative in positive Glaubenssätze umzuwandeln.

Negative Glaubenssätze auflösen

Lassen Sie sich nicht von Ihren Gedanken kontrollieren, sondern kontrollieren Sie Ihre Gedanken! Wenn es Ihnen gelingt, Ihr Mindset in eine positive Richtung zu verändern, sind Sie auf einem guten Weg zur Besserung oder gar Lösung Ihrer mentalen Probleme. Kompakt zusammengefasst benötigen Sie folgende vier Schritte, um Ihre Glaubenssätze ins Positive umzukehren:

1. **Erkennen der Glaubenssätze:** Einsicht ist auch hier der erste Weg zur Besserung. Im Rahmen des Dialogs können Sie gemeinsam mit Ihrem Gesprächspartner herausarbeiten, welche negativen Gedanken und Grundannahmen Ihren Alltag erschweren. Fragen Sie sich selbst: „Welche Annahmen treffe ich?", „Wie sehe ich die Welt / mich selbst in der Welt?" Denken Sie dabei an konkrete Situationen, in denen Sie negative Annahmen getroffen haben. Wie kamen Sie zu diesen Annahmen? Hat sich Ihre negative Einschätzung bewahrheitet und wenn ja, warum? Durch das gezielte Fragen Ihres Dialogpartners wird es einfacher für Sie sein, Ihre eigenen Glaubenssätze zu erkennen. Dabei helfen Ihnen oftmals bestimmte Signalwörter. Ihre Kennzeichen sind, dass sie oftmals verabsolutieren und verallgemeinern. Worte wie „immer", „jeder", „niemand/keiner", „ich muss", „ich soll", „ich darf nicht" sind klassische Beispiele für dogmenhafte Glaubenssätze, die sich über die Jahre hinweg in Ihrem Denken etabliert haben, für die es aber keine konkreten Anhaltspunkte in der Realität gibt. Anbei zudem eine Liste mit klassischen (Fehl-) Annahmen, die Ihren Alltag erschweren können:

- „Ich bin nicht gut (genug), so wie ich bin."
- „Ich kann niemandem vertrauen."
- „Niemand mag mich / liebt mich / achtet mich."
- „Ich darf unter keinen Umständen Fehler machen."
- „Ich muss alles alleine schaffen."
- „Ich bin eine Belastung für andere."
- „Ich muss immer stark und souverän sein / darf mir keine Hilfe holen."
- „Ich habe kein Talent für ..."

Es könnten an dieser Stelle weitere Beispiele aufgeführt werden, doch diese Beispiele verdeutlichen bereits, worum es geht. All diese Sätze enthalten

Limitierungen, die für Sie schädlich sein oder werden können. Durchbrechen Sie daher diese Gedankenmuster!

2. **Realitätscheck:** Unterziehen Sie die oben genannten Glaubenssätze (oder wahlweise die auf Sie zutreffenden) einem Realitätscheck. Glaubenssätze klingen oft wie absolute Wahrheiten, aber sie sind es nicht, sie entziehen sich meist sogar jeder Grundlage. Die Aufgabe des Dialogpartners ist es daher, diese Sätze infrage zu stellen. Dabei sollte er möglichst wenig vorgeben, das heißt nicht von sich aus negieren, sondern durch gezielte Fragen den Reflexionsprozess des Klienten anstoßen:

- „Wie kommen Sie zu dieser Einschätzung?"
- „Können Sie diese Einschätzung belegen?"
- „Hilft Ihnen dieser Gedanke beim Erreichen Ihrer Ziele oder blockiert er Sie dabei?"

3. **Veränderung der Glaubenssätze:** Etablieren Sie anstelle der negativen Gedanken und Grundhaltungen positive Glaubenssätze, die Ihnen im Alltag den Rücken stärken. In dem oben genannten Beispiel haben wir gesehen, wie ein Klient seine Haltung von „Alle Leute stehen mir ablehnend gegenüber" in „Wenn ich Positivität ausstrahle, erhalte ich sie auch zurückgespiegelt" ändern konnte. Bleiben Sie stets positiv gestimmt, auch wenn es manchmal schwerfällt. Natürlich sollen Sie sich dabei nicht selbst belügen. Nicht alles im Leben ist positiv, es geht jedoch um die Grundhaltung, mit der wir den Dingen begegnen. Wenn Sie zum Beispiel eine Prüfung an der Uni schreiben und nichts von dem Stoff verstehen, ergibt es wenig Sinn, sich einzureden, dass man den Stoff eigentlich kann, wenn man nur mit einer positiven Einstellung in die Prüfung geht. Anstatt zu denken, „Ich kann das alles nicht", können Sie sich jedoch sagen: „Ich kann das noch nicht." Die Aussage bleibt zunächst dieselbe – Sie haben den Stoff für die Prüfung aktuell nicht verstanden. Durch das Wort noch geben Sie der Situation aber eine positive Wendung: Sie werden es schaffen, Sie werden den Stoff verstehen und eine gute Prüfung absolvieren, Sie müssen nur dafür arbeiten.

Praxistipp: Sprechen Sie sich den neuen, positiven Glaubenssatz vor oder schreiben Sie ihn auf. Auf diese Weise verfestigt er sich schneller. Sie können Ihre neue positive Einstellung zum Beispiel auch mit einem Lied verknüpfen, das inhaltlich und/oder melodisch zu Ihrem Glaubenssatz passt. Immer, wenn Sie in einer angespannten Situation sind, können Sie das Lied hören und denken automatisch positiver.

4. **Positive selbsterfüllende Prophezeiungen:** Selbsterfüllende Prophezeiungen können zum Problem werden, wenn sie negativer Natur sind. Umgekehrt kann eine selbsterfüllende Prophezeiung aber auch zur Chance werden. Sie haben Ihre negativen Glaubenssätze bereits durch positive ersetzt, anstatt sich selbst einzureden, „Ich kann das nicht“, sagen Sie sich nun: „Ich kann das, wenn ich dafür arbeite“; anstatt sich selbst schlechtzumachen, indem Sie sagen, „Ich bin unsportlich“, sagen Sie sich: „Ich kann sportlich sein, wenn ich will.“ Durch diese Grundannahme ändern Sie das, was der französische Soziologe Pierre Bourdieu (1930–2002) als *Habitus* bezeichnete.

Bourdieu untersuchte, noch zu Zeiten der französischen Kolonialherrschaft in Algerien, das Auftreten der dortigen Landbevölkerung sowie deren Überzeugungen, Werte, soziale Strukturen etc. Bourdieu stellte fest, dass sich der Habitus, also die Art und Weise des Auftretens im Zuge einer sozialen Interaktion, zwischen Kolonisierten und Kolonialbesatzern stark unterschied. Er führte dies auf die hierarchisch organisierte Gesellschaft zurück, die den einen implizierte, *„Ihr seid weniger wert“*, und den anderen: *„Ihr seid die Herrscher.“* Unbewusst adaptierten selbst diejenigen, die sich der Kolonialstruktur nicht beugen wollten, diesen Habitus (Bourdieu, 1982).

Vielleicht kennen Sie ähnliche Beispiele auch aus Ihrem Umfeld. Manche Menschen, oftmals Kinder von wohlhabenden oder sozial angesehenen Eltern (Kinder von Ärzten, Anwälten oder hoch dekorierten Politikern), haben ein gewisses Selbstverständnis und damit verbunden ein gewisses Auftreten, das nicht unbedingt mit den eigenen Fähigkeiten zusammenhängt. Sie sind jedoch derart von sich überzeugt, dass sie dies ausstrahlen und dadurch von anderen automatisch als kompetenter oder qualifizierter wahrgenommen werden. Auf der anderen Seite stehen Menschen, die in einer ökonomisch schwächeren Umgebung oder in einem sogenannten bildungsfernen Haushalt aufgewachsen sind, die wiederum den dortigen Habitus internalisiert haben. Obwohl sie unter Umständen nicht weniger kompetent, fleißig oder talentiert sind wie ihr Gegenüber, fliegen sie alleine aufgrund ihres Habitus unter dem Radar. Versuchen Sie also, Ihren Habitus so gut es geht zu ändern; von einer negativen Grundhaltung, in der sie sich selbst kleinreden, zu einem positiven Auftreten, mit dem Sie auch nach außen hin Selbstsicherheit vermitteln. Stellen Sie sich dabei stets die Frage „Wie würde eine selbstsichere Person handeln?“ und treten Sie dementsprechend auf. Allein dadurch werden Sie von anderen als selbstsicher wahrgenommen und erhalten positive Rückmeldung zu Ihrem Auftreten. Die Resonanz, die Sie erfahren, ist also positiver, da andere ihrerseits eine positivere Resonanz von Ihnen erfahren. Das Gesetz der Resonanz wirkt also *reziprok*, das heißt, Sie empfangen, was Sie senden. Diese positive Resonanz bestärkt Sie wiederum und lässt Sie tatsächlich selbstsicher werden – die selbsterfüllende Prophezeiung ist eingetroffen, in diesem Fall spielt Sie Ihnen aber in die Karten.

Information Habitus:
Als Habitus werden gemeinhin die Umgangsformen oder das Auftreten einer Person bezeichnet. Beschrieben wird die Art und Weise ihres Verhaltens in sozialen Kontexten, also: *Wie tritt jemand (anderen gegenüber) auf*? Insbesondere die Soziologen Norbert Elias und Pierre Bourdieu sorgten dafür, dass der Habitus-Begriff Einzug in die wissenschaftliche Sozialforschung hielt.

Bei Elias bezeichnet der Begriff des „sozialen Habitus" die Gewohnheiten im Denken, Handeln und Fühlen eines Menschen, er sieht den Habitus also als eine Art Persönlichkeitsstruktur auf einer individuellen Ebene. Bourdieu erweitert den Begriff auf das Auftreten einer Person im Gesamten, das heißt inklusive Lebens- und Kleidungsstil, Vorlieben und auch der Sprache, zum Beispiel in Bezug auf Dialekte oder Soziolekte. Der Habitus biete Aufschluss über die soziale Stellung einer Person in der Gesellschaft.

In der heutigen Sozialwissenschaft wird der Habitus auch oft auf soziale Gruppen übertragen. Nicht nur der Einzelne habe einen internalisierten Habitus, sondern zum Beispiel auch eine soziale *Klasse*, etwa die sogenannte *Arbeiterklasse*. Ein aktuelles Beispiel ist etwa das Buch des Soziologen Christian Baron „Ein Mann seiner Klasse", in dem er seine eigene Kindheit und den Habitus seines Vaters, eines klassischen Arbeiters mit niedriger formaler Bildung, beschreibt. Der Habitus ist demnach sozial erlernt, kann aber auch bewusst verändert werden.

Die Königsdisziplin finden: In welcher Rolle meines Ichs interagiere ich?

Sie haben nun bereits viel über sich selbst gelernt. Welche Ziele haben Sie und welche Motivationen treiben Sie an? Wie wirken sich diese Ziele auf Ihre Kommunikation aus und in welche kommunikativen Schemata verfallen Sie? Auch haben Sie etwas über Ihr Verhalten innerhalb einer bestimmten sozialen Rolle gelernt. Diese Rolle sollte keine aus dem Dramendreieck sein, vielmehr sollten Sie versuchen, Ihre *Paraderolle* zu finden.

Bei Schauspielern spricht man oft von der *Paraderolle* oder der *Rolle ihres Lebens*. Jeder kennt zum Beispiel den Schauspieler Anthony Hopkins in seiner Rolle des psychopathischen Kannibalen Hannibal Lecter, doch bei weitem nicht alle könnten weitere Rollen des Darstellers aus dem Stegreif benennen, obwohl dieser in mehr als 50 Kinoproduktionen mitwirkte. Ein guter Schauspieler identifiziert sich mit seiner Rolle und fühlt sich sichtlich wohl dabei, sie zu verkörpern. Da auch Sie in Ihrem Alltag Theater spielen, wie wir von Erving Goffman gelernt haben, gilt es für Sie ebenfalls, Ihre Paraderolle zu finden, in der Sie sich einerseits wohlfühlen und mit der Sie andererseits auch von Ihren Mitmenschen identifiziert werden.

Hierbei nützt Ihnen die Selbstreflexion, die Sie im Rahmen der Transaktionsanalyse bereits betrieben haben. Fragen Sie sich selbst:

- In welcher Rolle fühle ich mich am wohlsten und warum?
- Wie sehe ich mich selbst? Wie sollen die anderen mich sehen?
- Wie kann ich dieses gewünschte Selbst- und Fremdbild bei mir selbst und bei anderen evozieren?
- Welchen Nutzen haben die Rollen für mich und wo können sie mich blockieren?

Selbstinteraktion

Kommunizieren und interagieren kann man nicht nur mit anderen, sondern auch mit sich selbst. Versuchen Sie, die Rolle anzunehmen, in der Sie sich wohlfühlen und die mit Ihrem Selbstbild übereinstimmt. Kontextbezogen können die Rollen dabei selbstredend wechseln, da Sie zum Beispiel mit Ihrem Kind anders kommunizieren als mit Ihrer Mutter und mit dieser wiederum anders als mit Ihrem Vorgesetzten. Doch auch die Rollen auf einer Theaterbühne oder in einem Kinofilm können schließlich facettenreich sein und dennoch den Charakter einer Figur gut herausarbeiten.

Beispiel: Nehmen wir an, Sie sehen sich selbst in der Rolle der hilfsbereiten und freundlichen Zuhörerin. Sie möchten gerne, dass all Ihre Freundinnen und Freunde jederzeit mit ihren Problemen zu Ihnen kommen können. Natürlich unterscheidet sich die Ausgestaltung dieser Rolle, je nachdem, wer zu Ihnen kommt, aber der Grundtenor ist immer derselbe: „Wir können über alles reden."

Versuchen Sie, in Bezug auf diese Rolle die oben genannten Fragen für sich zu beantworten:

- Wie sehe ich mich selbst?

Als eine Person, mit der man über alles sprechen kann und an die man sich jederzeit wenden kann, wenn man ein Problem hat.

- Welchen Nutzen hat diese Rolle?

Ich helfe anderen und fühle mich selbst wohl, weil ich anderen helfen kann.

- Wo blockiert die Rolle mich?

Immer mit Problemen konfrontiert zu sein, kann auf Dauer zu einer mentalen Belastung werden.

Daraus folgt, dass Sie diese Rolle zwar gerne spielen und nicht nur für die anderen, sondern auch für Ihre eigene Zufriedenheit, allerdings bedarf es für die Ausübung dieser Rolle einer besonderen *Achtsamkeit*. Achten Sie also darauf, dass Ihr Glas immer erst voll ist, bevor Sie anderen daraus einschenken. Tanken Sie also ausreichend Energie und wenden Sie die gelernten Übungen zur Stressreduktion an, zum Beispiel die Meditation oder die digitalen Pausen. Auf diese Weise interagieren Sie nicht nur fürsorglich mit anderen (Fremdwirkung), sondern sind auch fürsorglich zu sich selbst (Selbstwirkung) und können Ihr Idealbild somit auch in Bezug auf sich selbst verwirklichen.

Interpersonale Kommunikation

In der Interaktion mit anderen werden, zusätzlich zum Selbstbild, auch soziale Normen und Erwartungen virulent. Die meisten Menschen streben nach einem Zustand, in dem ihre Selbstwahrnehmung und die Fremdwahrnehmung Ihrer Person durch andere kongruent sind, mit anderen Worten: *Die anderen sollen Sie so sehen, wie Sie sich selbst sehen möchten*. Unterschwellig schwingen dabei jedoch die sozialen/gesellschaftlichen Erwartungen stets mit. Wenn Sie sich selbst als Arbeitstier sehen, als jemand, der rund um die Uhr bereit ist, zu arbeiten und das Unternehmen voranzubringen, möchten Sie von anderen ebenfalls so wahrgenommen werden. Wenn Sie sich selbst als Arbeitstier beschreiben und andere Sie als Faulenzer sehen, würde eine erhebliche *kognitive Dissonanz* entstehen (siehe Informations-Box).

Das gesellschaftliche Ideal, das diesem Wunsch der Fremdwahrnehmung zugrunde liegt, ist der Fleiß und der Ehrgeiz, beides klassischerweise tugendhafte, lobenswerte Eigenschaften. Unter Umständen würden Sie, wenn Sie achtsam in sich gehen und versuchen, zum eigentlichen Kern Ihrer Gedanken vorzudringen, feststellen, dass der Wunsch, als Arbeitstier wahrgenommen zu werden, nicht in erster Linie auf Ihrem eigenen Ideal (Selbstinteraktion), sondern vielmehr auf gesellschaftlichen Wertvorstellungen beruht. In der Rolle, die Sie in der Interaktion mit anderen spielen, steckt also immer eine Portion *gesellschaftliche Norm* und das ist per se kein Problem. Schließlich sind die Normierungen der Zivilisation im täglichen Zusammenleben äußerst hilfreich. Wenn Sie allerdings an Ihre Paraderolle denken, sollten Sie darauf achten, dass Sie Ihre Paraderolle selbst schreiben und spielen und diese Ihnen nicht von anderen aufgezwängt wird.

Nehmen wir das Beispiel der hilfsbereiten Zuhörerin erneut auf. In der interpersonalen Kommunikation (also Kommunikation *zwischen* zwei Personen) würde die Person ihre Rolle ausfüllen, indem sie auf andere Menschen zugeht und ihrem Umfeld vermittelt, jederzeit gesprächsbereit zu sein. Dabei ist es von großer Bedeutung, nicht in das Dramendreieck abzurutschen. Die Rolle sollte nicht in Richtung der Retter-Rolle abdriften, Sie bieten Ihre Hilfe an und sind jederzeit bereit, zu helfen, aber Sie mischen sich nicht ungefragt in die Belange anderer ein und helfen, wo unter Umständen keine Hilfe vonnöten wäre. Daher müssen Sie beim Ausfüllen der Rolle stets auf die Nuancen achten und sich rückversichern, ob Sie sich in einer konkreten Situation noch wohl in dieser Rolle fühlen (Achtsamkeit)!

Schließlich hat jede Rolle auch ihre Grenzen. Nehmen wir an, ein Bekannter von Ihnen hat ernsthafte psychische Probleme. Sie bieten ihm, gemäß Ihrem Rollenverständnis, Hilfe an, merken jedoch, dass Sie mit guten Ratschlägen und einem offenen Ohr nicht mehr weiterkommen, sondern dass der Bekannte die Hilfe eines Experten benötigt. Verharren Sie in diesem Fall nicht in Ihrer Rolle, sondern lösen Sie sich von ihr, auch wenn es Ihnen schwerfällt. Sobald eine Rolle zur Belastung wird, ist es nicht mehr Ihre Paraderolle. In diesem Fall können Sie zum Beispiel die Rolle switchen und als *„Die vernünftige Freundin"* auftreten, die erkennt, dass sie ab einem gewissen Punkt nicht mehr helfen kann.

Das Finden und Ausfüllen der eigenen Paraderolle sind sicherlich keine einfachen Prozesse, dennoch sollten Sie sich die Mühe machen. Um den Prozess der Selbstreflexion kommen Sie ohnehin nicht herum, das heißt, den ersten Schritt sind Sie automatisch bereits gegangen. Um kognitive Dissonanzen zu vermeiden und sich in der eigenen Rolle wohlzufühlen, sollten Sie die Paraderolle bei Ihrer Kommunikation einnehmen.

Information Kognitive Dissonanz:
In der Sozialpsychologie wird die *kognitive Dissonanz* meist als ein mental belastender Zustand beschrieben, der durch unvereinbare Kognitionen ausgelöst wird. Unter *Kognitionen* werden Gedanken, Meinungen, Werte, Wünsche oder Ziele subsumiert. Diese Kognitionen können jedoch widersprüchlich sein. Stellen wir uns einen Mann vor, der sich einerseits als moralisch und treu ansieht (der moralische Wert der Treue ist eine Kognition). Da er jedoch innerhalb seiner Beziehung unglücklich und sexuell unbefriedigt ist (Wunsch nach Befriedigung des Sexualtriebs als zweite Kognition), geht er fremd oder sucht ein Bordell auf. Diese beiden Kognitionen sind miteinander unvereinbar. Es entsteht ein Konflikt, der als *Dissonanz* bezeichnet wird.

Die Folge einer oder mehrerer kognitiver Dissonanzen führt meist zu Unzufriedenheit bei den betroffenen Personen. Kognitive Dissonanzen können innerliche Anspannungen hervorrufen, die es in einem Gespräch oder in einer Therapie zu überwinden gilt. Je mehr Dissonanzen ein Patient mit sich trägt, desto angespannter und ausgeglichener ist er in der Regel (Festinger, A Theory of Cognitive Dissonance, 1957).

Der emotionale Vorschuss: Dem anderen erlauben, in seinem Erwachsenen-Ich zu kommunizieren

Wir haben bereits gelernt, dass die Kommunikation zwischen zwei Erwachsenen-Ichs in der Regel die sinnvollste und konstruktivste Art der Gesprächsführung ist. Beide Gesprächspartner unterhalten sich hier auf der Sachebene und ohne sich über den anderen zu stellen – eine Kommunikation *auf Augenhöhe* ist möglich. Dabei funktioniert das Kommunizieren auf Augenhöhe selbstredend nur, wenn beide Gesprächspartner bereit sind, diese Rollenverteilung zu akzeptieren und anzunehmen, zumindest während des Gesprächs.

Wenn ein Beteiligter im Erwachsenen-Ich spricht, der andere jedoch im Kind-Ich antwortet, kann keine Kommunikation auf Augenhöhe stattfinden:

A: „Die Sonne scheint heute ganz schön stark." *Erwachsenen-Ich*
B: „Na und, besser als wenn es zu kalt wäre, oder?" *trotziges Kind-Ich*

Ebenso verhält es sich, wenn ein Gespräch aus der Perspektive eines Eltern-Ichs eröffnet wird, in diesem Beispiel wird auch die konsequente Antwort im Erwachsenen-Ich das Gespräch nicht mehr retten können.

A: „Ich kann Ihnen wirklich keine komplizierte Aufgabe übertragen, Sie haben den Projektbericht schon wieder zu spät abgegeben."
tadelndes Eltern-Ich

B: „Ich habe die Frist um einen Tag überzogen, da der Bericht inhaltlich noch ausgeweitet wurde. Er wird heute fertig."
Erwachsenen-Ich

A: „Das ist das letzte Mal, dass ich Ihnen das durchgehen lasse!"
tadelndes Eltern-Ich

Nicht immer können Sie durch eine Kommunikation im Erwachsenen-Ich das Gespräch retten, denn für eine gelungene Kommunikation benötigt man stets zwei konstruktiv miteinander interagierende Parteien. Sie können Ihrem Gegenüber allerdings die Chance geben, in seinem Erwachsenen-Ich zu kommunizieren, indem Sie konsequent in dieser Perspektive verharren. Psychologische Untersuchungen haben gezeigt, dass Diskutanten souveräner und kompetenter wirken, wenn sie bei Angriffen der Gegenseite ruhig und gelassen bleiben. Gelingt es einem Diskussionsteilnehmer, sachlich zu bleiben, obwohl er ständig Angriffe anderer Diskutierender ertragen muss, wird er am Ende als der Gewinner der Diskussion hervorgehen.

Sie können dieses Phänomen unter anderem in politischen Talkshows beobachten, wo kontroverse Positionen aufeinandertreffen. Oftmals sitzen dort mehrere Gäste, die mehr oder minder dieselbe Auffassung vertreten, und ein, maximal zwei Gäste mit einer anderen Meinung. Der Gast, der mit seiner Meinung allein steht, wird von der anderen Seite oftmals hart attackiert, je souveräner und ruhiger er jedoch auf diese Angriffe reagiert, desto glaubwürdiger und gefestigter wirkt er in seiner Position. So erhielten Politiker/innen wie Sarah Wagenknecht oder Gregor Gysi, die als Parteimitglieder der *Linkspartei* oftmals die Minderheitsposition vertraten, häufig sehr positive Resonanz von den Zuschauern; selbst, wenn sie inhaltlich nicht von den Positionen der Linkspartei überzeugt waren, honorierten die Zuschauer, dass etwa Gysi in der Lage war, die Angriffe aus dem konservativen/liberalen Lager gekonnt abzuwehren, ohne seinerseits jemals beleidigend oder ausfällig zu werden.

Eine solche Kommunikation beruhigt auch die Gegenseite früher oder später. Wenn der betroffene Diskutant merkt, dass seine Anfeindungen ins Leere laufen und seine Polemik nicht erwidert wird, wird auch er früher oder später auf die Sachebene zurückkehren und den Versuch unterlassen, die Diskussion über den Aufbau einer emotionalen Beziehungsebene zu gewinnen. Zur Veranschaulichung betrachten wir noch einmal das Beispiel des tadelnden Chefs:

A: „Das ist das letzte Mal, dass ich Ihnen das durchgehen lasse!"
tadelndes Eltern-Ich

B: „Ich denke, dass der eine Tag Verzögerung durch die gestiegenen inhaltlichen Anforderungen gerechtfertigt war."
Erwachsenen-Ich

A: „Hier bei uns in der Firma wird nicht getrödelt."
trotziges Kind-Ich

B: „Wie gesagt, es handelte sich nicht um Trödelei. Mein Anspruch ist es, meine Arbeit sorgfältig zu erledigen. Dies ging nur mit einem zusätzlichen Tag Arbeitszeit."
Erwachsenen-Ich

A: „Nun gut, ich hoffe, dass der Bericht gut geworden ist. Der Kunde hat sich auch noch nicht beschwert. Aber teilen Sie mir bitte beim nächsten Mal vorher mit, wenn Sie länger brauchen als geplant."
Erwachsenen-Ich

Wir erleben hier einen Wechsel der Ich-Positionen beim Vorgesetzten. Erst tritt er tadelnd auf, als er merkt, dass der Tadel nicht verfängt, wechselt er in die Rolle des Kind-Ichs („Ich will aber, dass es so gemacht wird, wie ich will"). Als B auch auf diese Reaktion hin beim Erwachsenen-Ich bleibt, schwenkt auch A schließlich ein und am Ende sprechen beide auf Augenhöhe miteinander. B hat A konsequent angeboten, auf die Ebene des Erwachsenen-Ichs zu wechseln, was dieser schließlich angenommen hat; B hat die Kommunikation somit gerettet. Inhaltlich lässt sich im Übrigen nicht einmal überprüfen, ob B tatsächlich recht hatte. Vielleicht hat er tatsächlich getrödelt und der Bericht wäre mit einem Tag weniger Arbeitsaufwand ebenso zu schaffen gewesen. Doch darum geht es hier nicht – unabhängig von der inhaltlichen Ebene hätte eine Reaktion von B im Kind-Ich („Immer meckern Sie mich an") oder seinerseits im tadelnden Erwachsenen-Ich („Sie wollen ja immer zu viel in zu kurzer Zeit") die Kommunikation niemals zum Erfolg geführt.

Versuchen Sie daher, immer im Erwachsenen-Ich zu agieren, auch wenn es bisweilen schwerfallen mag, insbesondere, wenn Ihr Gegenüber aus einer anderen Ich-Position heraus agiert. Dennoch sollten Sie versuchen, konsequent zu bleiben und das Angebot an Ihren Gesprächspartner, im Erwachsenen-Ich zu kommunizieren, immer wieder zu erneuern.

Die zentralen Erkenntnisse dieses Kapitels lauten demnach:

➢ Kommunikation sollte immer auf Augenhöhe stattfinden. Versuchen Sie daher, stets im Erwachsenen-Ich zu agieren, und bieten Sie Ihrem Gegenüber immer wieder an, dies ebenfalls zu tun.

➢ Werden Sie sich Ihres eigenen Rollenverständnisses bewusst und finden Sie heraus, welches Ihre Paraderolle ist. Mit dieser fühlen Sie sich selbst am wohlsten, daher sollten Sie mit dieser auch nach außen hin agieren.

➢ Versuchen Sie, Ihre inneren Antriebe zu verstehen. Was treibt Sie in Ihrem Handeln an? Wenn Sie diese Frage beantworten können, wissen Sie auch, *warum Sie kommunizieren, wie Sie kommunizieren*. Sie entwickeln ein tieferes Verständnis für Ihre eigene Kommunikation.

➢ Seien Sie achtsam und versuchen Sie, übermäßigen Stress, Ängste oder falsche Zielvorstellungen zu vermeiden. Wenn Sie gestresst sind, kommunizieren Sie auch unter Stress und sind dementsprechend anfälliger für negative Kommunikation.

Die Transaktionsanalyse in Alltag und Anwendung

„Denn es ist nicht genug, einen guten Kopf zu haben;
Die Hauptsache ist, ihn richtig anzuwenden."
(René Descartes)

Wir haben bereits eine Menge Beispiele im Laufe des Textes gemeinsam besprochen. Zum Abschluss dieses Buches soll nun in einem eigenen Kapitel noch einmal kompakt zusammengefasst werden, wie man alltägliche Transaktionen analysieren kann. Hierzu sollen jeweils ein gängiges, alltagsnahes Beispiel aus insgesamt vier Beziehungsfeldern des alltäglichen Lebens einer genauen Transaktionsanalyse unterzogen werden. Viele der beschriebenen Situationen werden Ihnen bekannt vorkommen, da Sie sie aus vergangenen Kommunikationen gut kennen und vergleichbare kommunikative Situationen sicherlich auch in Zukunft erleben werden. Wappnen wir uns also für zukünftige soziale Interaktionen und betrachten hierzu folgende Beispiele:

Liebesbeziehungen

Selbst in äußerst stabilen und harmonischen Liebesbeziehungen kommt es regelmäßig zu (kommunikativen) Konflikten. Diese These wird jeder und jede von uns bestätigen können. Wie der Name schon verrät, ist es hier häufig die *Beziehungsebene*, die wir nicht ausblenden können, eine reine Sachargumentation ist also kaum möglich, da die starke Bindung zu unserem Partner oder unserer Partnerin stets einen Einfluss auf unsere Wahrnehmung des Gegenübers hat.

Bevor wir zu dem Beispiel kommen, drei generelle Tipps für eine gelungene Kommunikation unter Partner/innen:

- Trennen Sie die Argumente so gut es geht von der Person. Auch wenn Sie sauer oder enttäuscht sind und dieses Gefühl aufgrund Ihrer emotionalen Nähe zum Partner überaus stark ist, sollten Sie dennoch auf dem Sach-Ohr nicht taub sein. Hören Sie sich trotz Ihrer emotionalen Aufladung an, was Ihr Partner Ihnen inhaltlich vermitteln möchte.
- Sprechen Sie Konfliktthemen offen und ehrlich an. Es gibt nichts Schlimmeres für eine Beziehung als unausgesprochene Konfliktthemen. Diese belasten den Beziehungsalltag unterschwellig und die negativen Emotionen potenzieren sich mit der Zeit. Die Angst, durch das aktive Ansprechen von schwierigen Themen eine Beziehungskrise auszulösen, ist also irrational, das Gegenteil ist der Fall. Sprechen Sie die Probleme nicht an, ist die Krise vorprogrammiert.

• Nehmen Sie gleichberechtigte Rollen im Gespräch ein. In einer Beziehung gibt es oftmals eingespielte Rollen, ein Partner neigt dazu, in bestimmten Situationen eher die Entscheidungen zu treffen als der andere, bei anderen Themen ist wiederum auch der andere Partner derjenige, der die Geschicke lenkt. Generell entwickelt sich in einer Beziehung somit oftmals eine bestimmte Rollenverteilung, ein Partner neigt eher zu Dominanz und klarer Entscheidungsfindung, der andere Partner verlässt sich darauf und nimmt entsprechend einen passiveren Part ein. Von diesen Mustern sollten Sie sich in einer Diskussion lösen, um gleichberechtigt und auf Augenhöhe miteinander sprechen zu können.

Betrachten wir jedoch zunächst das Beispiel einer nicht gelungenen Kommunikation. Sie hat ihn schon mehrfach gebeten, mehr im Haushalt zu helfen. Beide Partner sind berufstätig, doch die Hausarbeit wird zu einem Großteil von ihr erledigt. Er fühlt sich dafür nicht verantwortlich.
Sie: „Ich habe gerade schon wieder die Spülmaschine ausgeräumt, den Trockner ausgestellt und den Müll rausgebracht. Wenn ich Dich alleine lassen würde, würde diese Wohnung im Chaos versinken."
Er: „Danke Schatz. Früher oder später hätte ich das auch noch gemacht, aber Du warst wieder schneller."
Sie: „Ich möchte, dass Du auch einmal von selbst darauf kommst, diese Dinge zu erledigen. Warum soll das immer nur an mir hängen bleiben?"
Er: „Wie gesagt, ich hätte es schon noch gemacht. Du musst es ja nicht immer sofort machen, wenn Du etwas siehst. Warte doch einfach ein bisschen."
Sie: „Dann muss ich in einer verdreckten und unordentlichen Wohnung wohnen, bis Du einmal auf die Idee kommst, einen Finger krumm zu machen? Na, schönen Dank auch!"

Sie ist also am Ende des Dialogs beleidigt und er fühlt sich zu Unrecht kritisiert. Die Kommunikation ist misslungen. Wie hätten beide Partner besser agieren können?

Drei Tipps zur besseren Kommunikation:

1. Beide Partner sollten aus einer anderen **Ich-Position** heraus agieren. Sie beginnt zunächst mit einer sachlichen Feststellung, nämlich dass sie zahlreiche Aufgaben im Haushalt erledigt hat. Danach begibt sie sich jedoch in die Rolle des *tadelnden Eltern-Ichs*: „Ich kann Dich nicht alleine lassen, Du bekommst die Aufgaben des Haushalts alleine nicht auf die Reihe." Er wiederum reagiert im Modus des *Kind-Ichs*. Die Aussage „Ich hätte es schon noch gemacht" ist unsinnig, denn sie ist weder faktisch überprüfbar noch bezieht sie sich auf den Vorwurf. Es geht ihr ja nicht darum, dass er Hausarbeit erst dann übernimmt, wenn die Wohnung im Chaos zu versinken droht, sondern sie möchte, dass er *antizipiert*, was zu tun ist, und dies entsprechend umsetzt.

Eine Erwachsenen-Ich-Reaktion wäre also gewesen: „Du hast recht. Ich habe das nicht gemacht. Für mich ist es kein Problem, wenn die Spülmaschine nicht ausgeräumt und der Müll noch in der Tonne ist. Aber ich sehe, dass es für Dich ein Problem ist." Auch sie hätte jedoch *gewaltfreier kommunizieren* können. Anstatt dem Partner zu sagen, dass man ihn nicht alleine lassen kann, hätte sie mehr auf ihre eigene Gefühlswelt Bezug nehmen sollen: „Ich fühle mich von Dir alleine gelassen und nicht wertgeschätzt."

2. Beide kommunizieren teils auf einer anderen **Ebene**, auf einer anderen Seite der Nachricht. Während sie einen Appell an ihn richtet, „Bitte erledige Aufgaben im Haushalt, bevor ich es tun muss, da die Wohnung sonst unordentlich wird", bleibt er rein auf der Sachebene: „Du hast aufgeräumt, ja. Aber ich hätte es doch auch irgendwann gemacht." Er versteht also ihren *Appell* nicht, den sie allerdings unmissverständlich formuliert zu haben glaubt. Sie hätte an dieser Stelle deutlicher formulieren können, worum es ihr geht, dies tut sie vollkommen explizit erst im letzten Satz, der jedoch schon deutlich macht, dass sie beleidigt von seiner Reaktion ist. Er auf der anderen Seite beweist in dieser Kommunikation kein besonders hohes Maß an *Empathie*, denn man hätte aus dem Kontext heraus verstehen können, worum es der Partnerin geht. Klare Kommunikation auf der einen und verstärktes Zuhören und ein höheres Maß an Empathie auf der anderen Seite wären also hilfreich gewesen.

3. Zuletzt tritt hier die **persönliche Beziehung** klar zum Vorschein. Die eingeübten *Rollen* (sie als eher aktiv und fordernd, er ist passiv und verlässt sich auf sie) sind hier klar erkennbar. Durch die Aussage „Ich hätte das schon noch gemacht", was implizit nichts anderes bedeutet als „Du regst Dich zu Unrecht auf und kritisierst mich zu Unrecht", drängt er sich ein Stück weit sogar in die *Opfer-Rolle*, die Partnerin wäre in dieser Konstellation dann die Verfolgerin, die zu Unrecht tadelt. Tatsächlich besteht jedoch kein Anlass, beziehungsweise es ist nicht zielführend, sich in die Opferhaltung zu begeben. Diese Rolle ist Teil des Dramendreiecks und somit kontraproduktiv für eine sachliche Auseinandersetzung auf Augenhöhe. Besser wäre es, zu sagen: „Ich kann deine Kritik verstehen, denke aber, dass sie nicht gerechtfertigt ist." Der Inhalt ist derselbe, es wird jedoch keine Opferrolle eingenommen, sondern die Diskussion erfolgt auf Augenhöhe.

Mit der Umsetzung dieser Ratschläge hätte aus einer misslungenen eine produktive und zielführende Kommunikation werden können.

Freundschaft

Zwei Freunde sind um 18:00 Uhr miteinander verabredet. Der eine ist wie immer pünktlich, denn er ist um 17:53 Uhr am verabredeten Treffpunkt. Der andere hingegen ist wie üblich zu spät und lässt seinen Freund warten. Dieser ist darüber verärgert, denn die Situation kam bereits des Öfteren in dieser Konstellation vor und der Pünktliche der beiden empfindet die Unpünktlichkeit des anderen als Respektlosigkeit. Um 18:09 Uhr trifft der zweite Freund schließlich ein.

Freund 1: „Na, haben wir es auch geschafft?"
Freund 2: „Sorry, ich stand im Stau."
Freund 1: „Ich habe keinen Stau bemerkt, als ich die Strecke gefahren bin."
Freund 2: „Ich kann auch nichts dafür, dass Du immer so überpünktlich bist."

Bei dieser Kommunikation sind mehrere Dinge schiefgelaufen. Der erste Freund ist sauer, weil er schon lange wartet. Da er selbst in der Tat überpünktlich war, hat er noch länger gewartet, als es eigentlich nötig gewesen wäre. In dieser Zeit hat sich offensichtlich ein gewisser Frust aufgebaut. Seine Bemerkung ist ironisch-spöttisch, so dass sein Gegenüber versteht, wie sie gemeint ist; dennoch ist die *Transaktion hier nicht völlig offen*, dies wäre der Fall, wenn Freund 1 gesagt hätte: „Du bist zu spät."

Freund 2 scheint die Bemerkung ignorieren zu wollen, was zwar bisweilen eine gute Idee ist, manchmal aber auch dazu führen kann, dass der andere sich noch weniger ernst genommen fühlt. Die Aussage ist hier kurz und knapp gehalten, daher lässt Freund 2 Zweifel daran, ob die Entschuldigung tatsächlich von Herzen kommt oder ob er das potenzielle Konfliktthema nicht einfach abbügeln will (*Unterbrechung der Kommunikation*). Zudem ist das Zuspätkommen bei ihm keine einmalige Angelegenheit, weshalb die Entschuldigung zusätzlich auf der *Sachebene* weniger glaubwürdig wirkt.

Freund 1 wiederum impliziert, dass er diese Ausrede nicht für glaubhaft hält, er stellt also die *Sachebene*, aber auch die *Beziehungsebene* der Aussage infrage. Die Sachebene deshalb, weil er nicht an die Existenz eines Staus als Begründung für das Zuspätkommen glaubt, die Beziehungsebene deshalb, weil er dem Freund indirekt unterstellt, zu lügen, was man unter Freunden nicht tun sollte. Auch diese Kommunikation findet allerdings nicht direkt statt, sondern Freund 1 umschreibt lediglich, die Transaktion ist verdeckt: „Ich habe keinen Stau bemerkt" klingt wie eine Sachaussage, impliziert aber eine Lüge und ist somit nicht klar auf der Sachebene einzuordnen.

Nun reagiert Freund 2 wiederum sauer, denn er versteht die indirekten Angriffe von Freund 1 natürlich sehr wohl. Anstatt direkt auf diese einzugehen („Doch, der Stau war an der Kreuzung Hauptstraße, Bahnhofstraße. Ich weiß, dass Du sauer bist, weil ich zu spät komme, aber es tut mir leid"), reagiert er mit einem Gegenangriff, er schiebt Freund 1 die Schuld zu, indem er nicht seine eigene Unpünktlichkeit, sondern dessen Überpünktlichkeit als Kern des Problems darstellt. Somit ist die Stimmung zwischen beiden *vergiftet*. Beide tragen eine Teilschuld am Misslingen der Kommunikation, beide hätten an manchen Stellen anders agieren beziehungsweise reagieren müssen:

Drei Tipps zur besseren Kommunikation:

1. Beide Freunde sollten die **verdeckte Transaktion** unterlassen. Es ist grundsätzlich immer besser, wenn man offen und ehrlich kommuniziert. Um einen Konflikt zu vermeiden, kann es opportun sein, eine Notlüge zu bemühen („Kein Problem, es stört mich nicht, ein paar Minuten zu warten"), jedoch sollte die Transaktion nicht auf eine Art und Weise erfolgen, dass der Gesprächspartner die Botschaft versteht, diese aber nicht klar ausgesprochen wird. Ironie, Sarkasmus und bissige Kommentare führen zudem zu einer schlechten Gesprächsatmosphäre (Stichwort: *gewaltfreie Kommunikation*), denn der Ton macht die Musik und Misstöne stören die Komposition. Besser wäre es hier, wenn Freund 1 direkt sagen würde: „Du bist zu spät. Das stört mich." Diese Aussage findet auf der *Sachebene* statt und macht zudem die *Gefühlslage* deutlich. Eigene Emotionen werden offen kommuniziert, sodass sich der andere in die eigene Lage hineinversetzen kann. Doch auch, wenn Freund 1 bereits mit einer verdeckten Transaktion begonnen hat, sollte Freund 2 nicht den Fehler machen, darauf einzusteigen und mit der Aussage, dass die Überpünktlichkeit das Problem sei, nicht die Unpünktlichkeit, ebenfalls verdeckt zu kommunizieren. Offene Kommunikation wäre auch hier angemessen: „Ich weiß, dass Du immer sehr pünktlich bist. Ich habe oft ein Problem damit, pünktlich hier zu sein, das weißt Du auch. Ich versuche, an mir zu arbeiten, ich hoffe aber auch, dass Du mich so akzeptierst, wie ich bin."

2. Außerdem wird bei beiden die falsche **Grundposition** für eine gelungene Kommunikation deutlich. Beide stehen auf dem Standpunkt: Ich bin okay – Du bist nicht okay. Der eine geht davon aus, dass er okay ist, weil er pünktlich ist, der andere nicht okay, weil er dies nicht ist. Freund 2 wiederum geht davon aus (oder kommuniziert zumindest so), dass er okay ist, *obwohl* er sich verspätet hat, Freund 1 hingegen nicht okay ist, weil er überpünktlich war und somit seine lange Wartedauer selbst verschuldet hat. Mit der Grundposition „Ich bin okay – Du bist nicht okay", kann allerdings keine Kommunikation gelingen. Auch wenn man situativ über das Verhalten des anderen verärgert ist, sollte man dennoch nicht von der Haltung „Ich bin okay – Du bist okay" abweichen. Grundsätzlich sind beide ja auch befreundet, das heißt, sie mögen und schätzen sich durchaus. Dies sollte sich auch in der Kommunikation niederschlagen: „Du bist okay, aber es stört mich, dass Du häufig zu spät kommst und mich warten lässt." / „Du bist okay, aber es stört mich, dass Du mich immer kritisierst und meine Schwäche(n) nicht akzeptierst." Somit ist die gegenseitige *Wertschätzung* zum Ausdruck gebracht und die Diskussion verlagert sich auf die *Sachebene*.

3. Zudem befinden sich beide in Rollen, die man in das **Dramendreieck** einsortieren kann. Freund 1 tritt zunächst als *Verfolger* auf, er tadelt als *Eltern-Ich* indirekt Freund 2, weil dieser einmal mehr zu spät ist: „Immer bist Du zu spät, nie kann ich mich darauf verlassen, dass Du pünktlich bist." Freund 2 wäre in diesem Fall in die *Opfer-Rolle* gedrängt, er muss sich entschuldigen und tut dies auch, daraufhin bleibt Freund 1 jedoch in seiner Verfolger-Rolle und tadelt weiter: „Du bist unehrlich, es hat keinen Stau gegeben." Daraufhin verlässt Freund 2 die Rolle des Opfers und wechselt seinerseits in die des Verfolgers: „Du bist doch schuld." Beide sollten von Anfang an versuchen, in keine der Dramen-Rollen hineinzugeraten. Freund 1 könnte zum Beispiel wissen, dass er dazu neigt, die Verfolger-Rolle einzunehmen, weil er seinerseits zum Perfektionismus neigt. Daher sollte er bereits zu Beginn der Kommunikation reflektieren und Abstand davon nehmen, in diese Rolle zu verfallen.

FAMILIE

Familiäre Konflikte sind häufig besonders kompliziert, da eine verhältnismäßig starke emotionale Komponente in den Dialogen zum Ausdruck kommt. Wir haben es hier also mit einer überdurchschnittlich starken Beziehungsebene der Kommunikation zu tun. Insbesondere im Verhältnis Eltern – Kinder gibt es zudem ein Machtgefälle, das heißt, die Eltern sprechen meist aus einer übergeordneten Position heraus. Bei der Kommunikation von Eltern und Kindern treffen beinahe zwangsläufig Eltern-Ich und Kind-Ich aufeinander, je jünger das Kind, desto extremer die Ausprägung.

Beispiel: Die Mutter möchte, dass das Kind sein Zimmer aufräumt. Das Kind lässt die von der Mutter frisch gewaschenen und gebügelten Kleidungsstücke stattdessen immer auf dem Boden liegen, wo sie zerknittern und wieder aufs Neue gebügelt werden müssen. Die Mutter ist darüber sauer.
Mutter: „Ich habe Dir gesagt, Du sollst die Klamotten nicht auf den Boden werfen! Jetzt räum endlich dein Zimmer auf."
Die Mutter tritt hier als *tadelndes Eltern-Ich* auf. Sie hat einen Befehl erteilt, nämlich das Zimmer aufzuräumen. Der *Appell* ist hier deutlich zu verstehen. Zudem spielt die *Beziehungsebene* eine große Rolle; einem Arbeitskollegen könnte man in diesem Duktus nicht mitteilen, dass er seinen Schreibtisch aufräumen oder eine E-Mail beantworten sollte. Wir haben es also mit einer beziehungslastigen Kommunikation zu tun. Die Kommunikation ist allerdings nicht gewaltfrei und die eigene Position wird nicht deutlich gemacht. Der Befehl wird erteilt, weil die Rolle, in diesem Fall die Eltern-Rolle, dazu berechtigt.
Kind: „Mama, lass mich in Ruhe, das ist mein Zimmer!"

Das Kind antwortet, nicht überraschend, als *trotziges Kind-Ich*. Es will sich die Bevormundung durch die Mutter nicht gefallen lassen. Gleichzeitig ist ihm bewusst, dass es keinerlei Argumente hat, um der Mutter zu begegnen, denn sie hat auf der *Inhaltsebene* recht, sie hatte bereits mehrfach angeordnet, dass das Zimmer aufgeräumt wird und die Kleidung nicht auf dem Boden landet. Da es keine rationale Begründung (*Sachebene der Nachricht*) gibt, die Kleidung nicht ordentlich in den Schrank einzusortieren, wird mit Trotz reagiert. Die sachlich korrekte Feststellung „Das ist mein Zimmer" ist nicht Teil einer Kommunikation von *Erwachsenen-Ichs*, sondern die *verdeckte Transaktion* lautet: „Du hast mir hier nichts zu sagen, weil das mein Zimmer ist." Außerdem ist auch hier die Aufforderung klar: Lass mich in Ruhe! Auch diese Kommunikation läuft nicht gewaltfrei, hier wird zudem ein Verstoß gegen die Beziehungsdynamik vom Kind begangen, denn es befindet sich grundsätzlich nicht in der Position, die Mutter derart anzugehen.

Diese Kommunikation wird in einem Konflikt enden. Wie ließe sich dieser Konflikt vermeiden?

Drei Tipps zur besseren Kommunikation:

1. Die Mutter müsste **gewaltfrei kommunizieren** und dabei ihre eigenen Gefühle und Empfindungen in der Situation verstärkt in den Vordergrund rücken. Wenn das Kind versteht, warum die Mutter gekränkt oder beleidigt ist, nimmt es sie nicht mehr bloß als Autorität wahr, die Anweisungen erteilt, sondern versteht, warum es tatsächlich wünschenswert wäre, ihr Arbeit zu ersparen.

- „Ich sehe, dass Du Deine Kleidung wieder auf den Boden geworfen hast."
- „Ich fühle mich nicht wertgeschätzt, wenn Du die Kleidung, die ich gebügelt habe, wieder zerknittern lässt."
- „Ich habe Arbeit hineingesteckt, deshalb möchte ich, dass diese Arbeit anerkannt wird. Als deine Mutter habe ich Wertschätzung verdient und diese möchte ich auch von Dir erfahren."
- „Deshalb bitte ich Dich, in Zukunft mehr darauf zu achten, dass Du Deine Kleidung nicht zerknittern lässt."

2. Die Mutter müsste zudem zumindest versuchen, im **Erwachsenen-Ich** zu kommunizieren, denn wir haben gelernt, dass eine Kommunikation im Erwachsenen-Ich das Gegenüber immer dazu einlädt, ebenfalls im Erwachsenen-Ich zu kommunizieren. Vermutlich wird das Kind nicht in der Rolle des Erwachsenen-Ichs antworten, es wird sich diesem aber deutlich eher annähern, als wenn die Eltern-Kind-Konstellation von vornherein derart deutlich ist wie im gezeigten Beispiel. Also nicht „Ich habe Dir doch gesagt ...", sondern „Ich sehe, dass die Kleidung wieder auf dem Boden liegt". Auch diese Aussage ist sicherlich nicht wertfrei, es kommt hier auf die Betonung und auf das Appellohr des Gegenübers an, dennoch ist diese Aussage zunächst tendenziell stärker auf der Sachebene und damit des Erwachsenen-Ichs zu verorten. Die Mutter sollte das

Kind dazu einladen, auf dieser Ebene weiter zu kommunizieren: „Ja, Mama. Aber gebügelte Kleidung zu haben, ist mir nicht so wichtig." Zudem sollte vermieden werden, die Beziehungsebene zu stark in den Vordergrund zu stellen. In einem Konfliktgespräch ist man als Elternteil versucht, die eigene Position („Ich bin deine Mutter, Du musst auf mich hören und mich mit Respekt behandeln") anstelle eines Arguments in den Vordergrund zu rücken. Im besten Falle bleiben Sie jedoch sachlich und versuchen nicht, die Argumente durch das Herausstellen der persönlichen Rolle zu ersetzen.

3. Auch sollte die Mutter versuchen, keine Rolle im Dramendreieck einzunehmen. Sie schwankt hier ein wenig zwischen **Opferrolle** („Weder ich noch meine Arbeit werden wertgeschätzt") und **Verfolgerrolle**, verfolgt wäre in diesem Fall das Kind. Man sollte diese Rollen nicht dauerhaft einnehmen, sondern sich stets auf den konkreten Fall beziehen. Der aktuelle Konflikt gibt keinerlei Auskunft darüber, wie die generelle Konstellation zwischen beiden Konfliktpartnern beschaffen ist.

Beruf und Jobs

Auch der berufliche Kontext ist anfällig für misslungene Kommunikation. Hier ist es weniger die Beziehungsebene als vielmehr die Sprecherposition, die Schwierigkeiten bereiten kann, denn in der Regel gibt es an jedem Arbeitsplatz gewisse Hierarchien, das heißt Vorgesetzte und „einfache" Angestellte ohne Führungsaufgaben. Die Kommunikation sollte zwar im beruflichen Kontext stets sachlich (Erwachsenen-Ich spricht mit Erwachsenen-Ich) ablaufen, praktisch zeigt sich jedoch, dass zwischenmenschliche sowie inhaltliche Konflikte zu Kommunikationsschwierigkeiten führen.

Nehmen wir hier ein Beispiel eines Abteilungsleiters, der selbst noch relativ jung ist und bisher wenig Erfahrung in seiner Führungsrolle sammeln konnte, nun allerdings die ersten Mitarbeitergespräche verantworten muss. Ein langjähriger Angestellter erhält eine unterdurchschnittliche Bewertung, aufgrund seiner Erfahrung im Unternehmen ist der Abteilungsleiter jedoch nervös, schließlich muss er mit einem Mitarbeiter kommunizieren, der wesentlich länger als er selbst im Unternehmen tätig ist.

Abteilungsleiter (AB): „Guten Tag, nehmen Sie gerne Platz."
Angestellter (AN): „Hallo, ich grüße Sie."
AB: „Wie Sie wissen, steht ja nun das Personalgespräch an ..."
AN: „Ja, ich weiß, ich habe schon gefühlt hundert davon gehabt."
AB: „Dann muss ich Ihnen zum Ablauf ja nichts mehr erklären."
AN: „Nein, fangen Sie direkt an".

An dieser Stelle ist bereits auffällig, dass der Angestellte eigentlich den Ton des Gesprächs vorgibt. Zu Beginn eröffnet der Abteilungsleiter noch das

Gespräch, er fordert den Angestellten auf, sich zu setzen, was einerseits höflich ist, andererseits aber auch als Aufforderung (*Appell*) verstanden werden kann. Schließlich erwartet der Abteilungsleiter, dass sich der Angestellte dann auch tatsächlich hinsetzt.

Danach gibt der Abteilungsleiter jedoch das Gespräch aus der Hand, indem er eine überflüssige Zwischenbemerkung einfließen lässt. Es ergibt keinen Sinn, dem Angestellten noch einmal zu verdeutlichen, dass er bereits weiß, was ihn erwartet. Da er es weiß, muss man ihm es nicht erklären und der Angestellte nimmt die Einladung an, um (bewusst oder unbewusst) seine Position zu stärken. Die Aussage „Ich habe gefühlt schon hunderte davon gehabt" hat nämlich wie beinahe jede Nachricht mehrere Seiten:

- **Inhalt:** Ich habe schon viele Gespräche geführt.
- **Selbstoffenbarung:** Ich kenne diese Gespräche im Grunde in- und auswendig und bin mittlerweile eher genervt von ihnen.
- **Appell:** Bitte ziehen Sie das Gespräch nicht künstlich in die Länge, indem Sie mir Sachverhalte erklären, die ich bereits kenne.
- **Beziehung:** Ich habe mehr Erfahrung als Sie.

Dies ist zwar nur eine, aber zugleich eine sehr wahrscheinliche Interpretation des Gesagten. Der Abteilungsleiter lässt sich nun auf die Lenkung der Kommunikation durch den Angestellten weiter ein, indem er wiederum mit einer für die Gesprächsführung nicht relevanten Aussage („Ich muss Ihnen zum Ablauf nichts mehr erklären") fortfährt, vermutlich, um die eigenen Nervosität zu überspielen. Jedoch wird seine Unsicherheit gerade durch dieses Verhalten deutlich. Der Angestellte führt das Gespräch weiter und hat nun endgültig die Führungsposition im Dialog übernommen: „Fangen Sie direkt an" – qua Position obliegt es dem Angestellten nicht, seinen Vorgesetzten dazu aufzufordern, doch durch den bisherigen Gesprächsverlauf fühlt er sich darin bestärkt.

AB: „Ich muss Ihnen leider mitteilen, dass ich mit Ihrer Arbeitsleistung nicht sehr zufrieden bin."

AN: „Wie meinen Sie das, können Sie mir das näher erläutern?"

AB: „Ich habe das Gefühl, Sie ruhen sich zu sehr auf Ihrer Position aus. Ich weiß, dass Sie schon lange im Unternehmen sind und zu den überaus verdienten Mitarbeitern gehören, aber es kann dennoch nicht sein, dass Sie Ihre Arbeit an Jüngere delegieren oder dass Sie relevante Fristen verpassen. Dies kann ich nicht dulden."

AN: „Hören Sie, ich denke, Sie können die Lage hier in der Abteilung noch nicht so gut beurteilen, Sie werden das schon noch lernen mit der Zeit. Aber ich kann sehr gut einschätzen, wie ich meine Arbeit einteile und welche Fristen relevant und welche flexibel sind."

AB: „Ich kann die Lage in der Abteilung sehr gut einschätzen, schließlich bin ich der Abteilungsleiter. Und ich habe das Recht, Ihnen Weisung bezüglich Ihrer Arbeit zu erteilen."
AN: „Das stimmt natürlich. Dann mache ich in Zukunft einfach das, was Sie sagen, Chef. Zum Nachdenken werde ich ja ohnehin nicht bezahlt, stimmt's?"

Wir beenden den Dialog an dieser Stelle, da die Kommunikation hier bereits als gescheitert angesehen werden kann. Die Stimmung scheint bei beiden Gesprächspartnern schlecht zu sein und professionell gestaltet sich die Kommunikation auch nicht mehr. Wir haben es hier gegen Ende gar mit Sarkasmus vonseiten des Angestellten und mit einem Autoritätsargument des Vorgesetzten („Ich bin der Chef") zu tun. Wie hätte die Kommunikation besser laufen können?

Drei Tipps zur besseren Kommunikation:

1. Der Chef müsste seine Sprecherrolle von Beginn des Gesprächs an deutlicher machen. Wie bereits gesagt, lässt er zu Beginn die Führung des Gesprächs aus den Händen gleiten. Bei einem Angestellten-Verhältnis gibt es verschiedene Sprecherpositionen und eine Subordination durch die Hierarchie im Unternehmen. Dies wird im Allgemeinen von beiden Parteien akzeptiert, der Mitarbeiter im Beispiel ist bereits lange im Unternehmen und wird es daher gewohnt sein, von einer Führungskraft Anweisungen zu erhalten. Jedoch werden Führungskräfte meist nur dann akzeptiert, wenn sie auch als solche auftreten. An dieser Stelle kommt die Persönlichkeitsentwicklung ins Spiel. Eine starke, selbstbewusste Persönlichkeit verfügt über ein Charisma, das von den meisten Menschen anerkannt und entsprechend akzeptiert und vor allem respektiert wird (siehe Kapitel zu Persönlichkeitsentwicklung).

2. Des Weiteren müsste der Vorgesetzte eine andere Ich-Position einnehmen. Auch wenn es zunächst so scheint, dass er aus der Position des Erwachsenen-Ichs heraus agiert, da er seine Kritik sehr sachlich vorträgt, wechselt er die Position, sobald der Widerspruch des Angestellten erfolgt. Die Eröffnung der Kritik ist dabei noch sinnvoll, denn hier wird gewaltfrei kommuniziert – nicht „Sie ruhen sich zu sehr aus", sondern: „Ich habe das Gefühl, dass ..." Der Vorgesetzte drückt also hier sein eigenes Empfinden aus und formuliert keinen direkten Vorwurf. Dann jedoch wechselt er schnell in die Rolle eines tadelnden Eltern-Ichs: „Es kann nicht sein, dass ..." und „Dies kann ich nicht dulden" sind klassische Vorwürfe eines Elternteils, das seine Autorität dem Kind gegenüber zum Ausdruck bringen will. In diesem Fall ist diese Art der Kommunikation allerdings erst recht unangemessen, da es sich um einen langjährigen Mitarbeiter handelt. Generell sollte die übergeordnete Position im Unternehmen niemals mit dem Ich-Zustand verwechselt werden. Man ist noch lange kein Eltern-Ich, bloß weil man aufgrund der Position zum Beispiel weisungsbefugt ist. Als Widerspruch vom Angestellten geäußert wird, wird

der Abteilungsleiter gar zum trotzigen Kind-Ich: „Ich kann die Lage sehr gut einschätzen" ist zwar zunächst eine Sachaussage, in diesem Kontext muss sie aber als Trotzreaktion auf die zuvor geäußerte Kritik des Angestellten gewertet werden (Eltern: „Du kannst noch nicht alleine Rad fahren" – Kind: „Kann ich wohl!"). Auch das explizite Beharren auf der eigenen Weisungsbefugnis wirkt nicht souverän.

3. Der Angestellte lässt seinerseits Respekt im kommunikativen Umgang mit seinem Chef vermissen. Er nimmt seinerseits den Ich-Zustand eines wohlwollenden / sich kümmernden Eltern-Ichs ein, getreu dem Motto: „Von mir können Sie noch viel lernen, ich erkläre Ihnen einmal, wie es in der Abteilung hier läuft." Auch dieser Ich-Zustand ist gegenüber einem Vorgesetzten unangemessen. Nimmt man erneut Bezug auf das Dramen-Dreieck, nähert sich der Angestellte hier der Rolle des Helfers – „Du hast noch nicht genügend Erfahrung, ich sage Dir, wie die Abläufe hier sind." Hilfe war in diesem Fall jedoch nicht erbeten, weshalb der Abteilungsleiter offenbar seine Autorität infrage gestellt sah. Der Angestellte lässt also die kommunikative Augenhöhe seinerseits vermissen.

Fazit

Wir haben in den vorausgegangenen Kapiteln viel über das Thema Kommunikation gelernt:

- Sie wissen nun, was unter einer Transaktion im kommunikativen Sinne zu verstehen ist und wie diese abläuft.
- Sie haben gelernt, was bei einer Transaktion, das heißt bei einer Kommunikation innerhalb sozialer Interaktionen, schiefgehen kann.
- Sie wissen, mit welchen Grundpositionen sich Menschen begegnen können, und welche theaterhaften Rollen sie in kommunikativen Situationen bisweilen einnehmen.
- Sie haben einiges über kognitive Umstrukturierung und Persönlichkeitsentwicklung erfahren.
- Und vor allem haben Sie zahlreiche praktische Beispiele betrachten können, anhand derer die Anwendung des neu erlernten Wissens nicht mehr sonderlich schwerfallen dürfte.

Mit den neu erworbenen Erkenntnissen gehen Sie gestärkt durch den Alltag und vermeiden negative und gestörte Kommunikation. Somit gestaltet sich Ihr Arbeits-, Beziehungs- und Privatleben konfliktfreier und unbeschwerter als zuvor. Außerdem haben Sie eine positivere Ausstrahlung und können so nicht nur sich selbst, sondern auch Ihrem Umfeld neue positive Energie zukommen lassen.

Das A und O lautet dabei stets *Reflexion*: Gehen Sie in sich und analysieren Sie Ihre Ich-Position, Ihre soziale Rolle innerhalb der Interaktion, Ihre Gedanken und damit verbundenen Gefühle sowie die Ursachen für Ihr Fühlen und Handeln. Wenden Sie die erlernten Methoden zur Reflexion, Achtsamkeit und Entspannung an. Sie haben ein Bündel von Methoden mit an die Hand bekommen, die Ihnen im Alltag sofort helfen, positive Energie zu tanken und somit positiv zu denken, positiv zu fühlen und positiv zu *kommunizieren*.

Wichtig ist an dieser Stelle zudem, dass Sie keinesfalls aufgeben dürfen, bloß weil Sie trotz aller Reflexion, trotz aller ausführlichen Analyse, eine fehlgeschlagene Kommunikation erleben. Niemand von uns geht ohne ein einziges Missverständnis, ohne einen einzigen Konflikt durch sein Leben. Selbst der perfekte Transaktionsanalytiker wird Situationen erleben, in denen er keinen Weg findet, eine Kommunikation angemessen und zielführend zu gestalten. Entscheidend ist, dass Sie diese Situationen mit den Mitteln der Kommunikationsanalyse auf ein Minimum reduzieren können! Außerdem vermeiden Sie überflüssige Fehlkommunikation und brechen aus alten, andauernden Konflikten aus, deren Grundlage negative Kommunikation war:

Der Dauerkonflikt mit Ihrem Arbeitskollegen und der ständig aufflammende Streit mit Ihrem Partner / Ihrer Partnerin sind damit passé.

An dieser Stelle bleibt mir nichts weiter, als Ihnen viel Erfolg bei der Anwendung der neu erlernten Techniken der Transaktionsanalyse zu wünschen. Sie haben das notwendige Wissen nun im Gepäck; packen Sie es aus, wann immer Sie es benötigen, und falls Sie zwischendurch nicht weiterwissen, steht Ihnen der Blick in dieses Buch jederzeit offen.

Viel kommunikativen Erfolg und viele erfolgreiche Transaktionen!

Literaturverzeichnis

Assmann, J. (1988). Kollektives Gedächtnis und kulturelle Identität. In J. Assman, & T. Hölscher, *Kultur und Gedächtnis* (S. 9-19). Frankfurt: Suhrkamp.

Batra, A. (2013). *Verhaltenstherapie. Grundlagen, Methoden, Anwendungsbereiche.* Stuttgart: Thieme.

Beck, A. T., & Harrison, R. (05. März 1982). Stress, neurochemical substrates, and depression: Concomitants are not necessarily cause. *The behavioral and brain science*, S. 101-102.

Beck, J. S. (2013). *Praxis der Kognitiven Verhaltenstherapie.* Weinheim: Beltz.

Berekoven, L., Eckert, W., & Ellenrieder, P. (2009). Kundenzufriedenheitsforschung. In L. Berekoven, W. Eckert, & P. Ellenrieder, *Marktforschung. Methodische Grundlagen und praktische Anwendung* (S. 293-300). Wiesbaden: Springer Fachmedien.

Bourdieu, P. (1982). *Die feinen Unterschiede. Kritik der gesellschaftlichen Urteilskraft.* Frankfurt: Suhrkamp.

Brandt, G., & Spangenberg, H. (20. September 2022). Karriere mit Kind. Wie wirkt sich frühe Mutterschaft auf das Erreichen von Führungspositionen bei Akademikerinnen aus? *KZfSS. Kölner Zeitschrift für Soziologie und Sozialpsychologie*, S. 303-327.

Bühler, P. (2012). *Negative Pädagogik. Sokrates und die Geschichte des Lernens.* Paderborn: Schöningh.

Damásio, A. R. (2000). *Ich fühle, also bin ich. Die Entschlüsselung des Bewusstseins.* München: List Verlag.

Festinger, L. (1957). *A Theory of Cognitive Dissonance.* Stanford University Press: Stanford.

Festinger, L. (2012). *Theorie der Kognitiven Dissonanz.* Bern: Huber Verlag.

Freud, S. (1923/2013). *Das Ich und das Es.* Stuttgart: Reclam.

Fromm, E. (1976). *Haben oder Sein. Die seelischen Grundlagen einer modernen Gesellschaft.* München: dtv Verlagsgesellschaft.

Gadamer, H.-G. (1960). *Wahrheit und Methode.* Tübingen: Mohr-Siebeck.

Gilbert, D., & Malone, P. (117. Ausgabe 1995). The correspondence bias. *Psychological Bulletin*, S. 21-38.

Goffman, E. (1959/2010). *Wir alle spielen Theater.* München: Piper.

Harris, T. A. (1976). *Ich bin o.k. Du bist o.k. Wie wir uns selbst besser verstehen und unsere Einstellungen ändern.* Hamburg: Rowohlt.

Hügli, A. (2003). Aporie. In A. Hügli, & P. L. (Hrsg.), *Philosophielexikon. Personen und Begriffe der abendländischen Philosophie von der Antike bis zur Gegenwart.* Reinbek: Rowohlt.

Joas, H. (1999). *Die Entstehung der Werte.* Frankfurt: Suhrkamp.

Jorgensen, E. W. (1984). *Eric Berne, Master Gamesman: a Transactional Biography.* New York: Grove.

Konnerth, T. (2010). *Menschliche Kommunikation verstehen. Die Transaktionsanalyse.* Lüneburg: GU.

Maaz, H.-J. (2017). *Der Gefühlsstau. Psychogramm einer Gesellschaft.* München: Beck.

Maier, P. D. (14. Februar 2018). *Intrinsische Motivation.* Abgerufen am 06. Mai 2023 von wirtschaftslexikon.gabler.de: https://wirtschaftslexikon.gabler.de/definition/intrinsische-motivation-41764/version-256123.

Molcho, S. (2002). *Alles über Körpersprache.* Mosaik Verlag: Berlin.

Rosa, H. (2019). *Resonanz. Eine Soziologie der Weltbeziehung.* Frankfurt: Suhrkamp.

Schirach, F. v. (08. Oktober 2018). Vom Fremdsein in der Welt. (B. Bleisch, Interviewer).

Schlegel, L. (2002). Leitziele. In L. Schlegel, *Handwörterbuch der Transaktionsanalyse* (S. 188-190). Freiburg: Herder.

Thun, F. S. (1981). *Miteinander reden 1 -Störungen und Klärungen. Allgemeine Psychologie in der Kommunikation.* Reinbek: Rowohlt.

Watzlawick, P. (2016). *Man kann nicht nicht kommunizieren. Das Lesebuch, 2. Auflage.* Göttingen: Hogrefe.

Wenninger, G. (2000). Reaktionszeit. *Spektrum der Wissenschaft*, S. 12-21.

Wilken, B. (2003). *Methoden der kognitiven Umstrukturierung. Ein Leitfaden für die psychotherapeutische Praxis.* Stuttgart: Kohlhammer.